岐阜経済大学研究叢書18

市民立法の研究

勝田美穂 著
Katsuta Miho

法律文化社

目　次

序　章　市民立法とは　……………………………………………………… 1

1. 市民とは（定義）…………………………………………………… 2
   政治学研究のなかで　　近年の動向
2. 市民立法に係わる理論研究 ………………………………………… 5
   市民立法とは（定義）　　提案形式の観点から
3. 市民立法に係る事例研究 …………………………………………… 11
   市民立法との関連で論じられた法律　　先行研究の概要　　本書における事例研究の意義
4. 本書の構成 …………………………………………………………… 17

第1章　市民立法の動向　▶国会審議の場から ……………………… 23

1. 議員立法の実態分析 ………………………………………………… 23
   全体的な動向（総数）　　提出者別の動向　　超党派立法の動向
   委員長提案の動向　　野党提案の動向　　提出者別の動向から
2. 市民立法の今後 ……………………………………………………… 30
3. 小　括（次章に向けて）……………………………………………… 33

第2章　児童虐待防止法の立法過程 ……………………………………… 37
　　　　▶唱道連携フレームワークからの分析

1. 問題の設定 …………………………………………………………… 37
   方　法　　意　義
2. 法律制定の経緯 ……………………………………………………… 39
   2000年の制定まで（第1期）　　2004年第1次改正まで（第2期）
   2007年第2次改正および関連法の整備まで（第3期）
3. 唱道連携フレームワークに基づく分析 …………………………… 47
   唱道連携フレームワークの枠組み　　唱道連携フレームワークに基づく因子の抽出

	4	立法を推進した因子の抽出 …………………………………… 57
	5	他の立法に示唆される事項 …………………………………… 58
	6	小　　括 ……………………………………………………… 60

第3章　性同一性障害者特例法の立法過程 …………… 63
▶政策起業家の輩出条件から

	1	目的、方法 …………………………………………………… 63
	2	法律制定の経緯 ……………………………………………… 65
	3	立法過程の分析 ……………………………………………… 69
		立法過程のアクター　　立法過程の流れ　　政策起業家の特定
		政策起業家の行動
	4	法制化の要因 ………………………………………………… 75
		議員の投票行動　　支持者との関係
	5	小　　括 ……………………………………………………… 79

第4章　発達障害者支援法の立法過程 ………………………… 83
▶市民の役割と影響力の観点から

	1	はじめに ……………………………………………………… 83
	2	発達障害者支援法の制定経緯 ……………………………… 85
		アクターの概要　　制定までの経緯
	3	発達障害者支援法の制定因子 ……………………………… 90
		問題の認知　　政治過程　　政策案
	4	発達障害者支援法制定の要因分析 ………………………… 94
		政治的要因　　政策案　　市民の役割　　市民の影響力
	5	今後の課題 …………………………………………………… 99
	6	小　　括 ……………………………………………………… 100

第5章　自殺対策基本法の立法過程　▶政策の窓モデルによる分析 … 103

| | 1 | はじめに …………………………………………………… 103 |
| | | 　問題の所在　　方　法 |

2 　制定までの経緯 ……………………………………………………… 105
  3 　法制化の要因 ………………………………………………………… 108
　　　　モデルに係わる因子　　政策の窓モデルからの分析　　市民の役割
　　　　市民立法における政策起業家
  4 　小　　括 ……………………………………………………………… 119

第6章　風営法改正（ダンス規制緩和）の立法過程 …………… 121
▶多元主義アプローチによる分析

  1 　はじめに ……………………………………………………………… 121
　　　　本章の目的　　本章の方法　　本章の意義
  2 　多元主義アプローチの視角 ………………………………………… 124
　　　　多元主義アプローチとは　　日本における多元主義アプローチ
  3 　風営法改正の立法過程 ……………………………………………… 127
　　　　法律改正の必要性　　改正までの経緯　　改正内容
  4 　立法過程の分析 ……………………………………………………… 146
　　　　アクター間の相互作用　　多元化に係わる要素の抽出
  5 　風営法改正の要因 …………………………………………………… 149
  6 　小　　括 ……………………………………………………………… 151

終　章　市民立法を進める要因 …………………………………… 155

  1 　外部環境 ……………………………………………………………… 155
  2 　直接性から …………………………………………………………… 158
  3 　アクターに係るもの ………………………………………………… 160
　　　　政治家とのネットワークの形成　　専門家の存在　　独自情報の発信
　　　　世論の支持の獲得　　公益的な争点の設定　　アドボカシー活動の継続
  4 　最後に（残された課題） …………………………………………… 162

参考文献
あとがき
索　引

序　章
市民立法とは

　本書の目的は、第1に市民立法の意義を学術的に検討すること、第2に市民立法を実現するための要因を明らかにすることである。前者については、混沌とした学術上の議論を整理し、今日において市民立法を論じる意義を明らかにする。後者については、市民が立法過程に参画し、その要望を反映させるのにいかにすべきかを探るために、既往の事例を分析する。換言するならば成功するアドボカシー活動の秘訣を明らかにするといってよいかもしれない。

　本書はこのような2つの目的を果たすためのものであるが、そもそも、「市民立法」という言葉はいつ頃から使われるようになったのだろうか。新聞記事を検索すると1990年に最初に用いられた記録があるが[1]、市民運動に携わる関係者の間では1970年代後半頃に使われていたとされる[2]。論文データベースで「市民立法」を検索すると50本が出てくるが、一番古いものは1996年に書かれた阪神淡路大震災の被災者支援のための立法という趣旨のもので[3]、一般誌に掲載された論文であった[4]。市民立法という言葉は、運動の領域で使われ始めたものであり、今日では学術論文も蓄積されつつあるが、運動のスローガンのような使い方と混同され、学術上の共通認識があるわけではない。

　ここでは学術的なアプローチをとり、市民立法という言葉の検討から始めたい。立法の主体として想定されているものについては、国会が唯一の立法機関である（41条）との憲法上の規定から国会のみを想定するもの、これとの対比で内閣の法案提出権を認めるか否か（72条）、国民主権との関連で直接請求の制度の必要性、請願権の性質などに様々な議論がある。なかでも、日本を対象とした立法活動の研究において、議員立法（議員提出法案）と閣法（内閣提出法案）を対比させた問題設定は大きな柱をなしてきた。議員立法と閣法という提案形式の違いは、政治主導か行政主導かという政治学が扱うテーマの根幹に係わるものであり、これに注目したものが多かったためである。近年、市民立法が論じられるようになったのは、こうした議論の延長上で、立法活動を主導するの

は市民であるべきという規範的な意識があるように思われる。市民が立法に係わることが少なかったとの認識に基づくものであろう。

　以下では、市民とは何かを明らかにしながら、本書の基底をなす問題意識を示す。そのうえで、市民立法に係る先行研究を理論研究と事例研究とに分けて整理する。さらに、本章の最後で本書全体の構成を示すこととする。

1　市民とは（定義）

　市民はどのように立法活動に係わるべきなのかという問いに答える前に、市民とは何か、という点について言及しなければならない。主権者としての立場が明確な国民という言葉を使い国民立法とするのではなく、あえて市民と称する理由である。

　以下では、政治学研究のなかで市民がどう位置づけられてきたかをみた後、近年の研究動向から、市民とは何かを検討したい。

（1）政治学研究のなかで

　わが国の政治過程研究では、官僚の影響力の大きさから、官僚と政治家の力関係に焦点をおいた研究が主流となってきた。これを日本型のエリートモデルとみて戦前から戦後の政官関係を解くことから始まり、高度経済成長期には企業をアクターに加えた政官財のトライアングルモデルへ、経済の成熟化がいわれた1980年代にはそれらの相互作用をみる日本型多元主義モデルへと展開し、議論されてきた。しかし、このように政治過程においてアクターとして認識される対象が拡大する一方で、組織化されていない、対象が少数である、公益的な価値を追及するといったアクターの政治的な影響力を検討する研究はあまりなく、体系化されてこなかった。自民党一党支配が長く続くなかで、官僚制と政党の影響力の大きさと比べて、現実の政治過程、政策過程に影響を及ぼしてこなかったことが背景にあろう。

　この点について、村松岐夫が日本の政治過程における政策過程とイデオロギー過程の二重構造を指摘したが、示唆に富んでいる[5]。55年体制の政治を説明にするにあたって、安保条約の延長決定と高度経済成長政策の推進に関連した

政策過程を想定しつつ、政策過程における参加者は保守党、官僚とこれに関係する利益団体であり、野党や労働組合の影響力はイデオロギー過程に留まるとした。ここから考えるなら、市民はさらにその枠外にあったというべきである。ほかに、実態を分析したものとして、各種団体の影響力をはかるために評判法に基づく定量的な調査を実施したものがあるが、このなかで市民団体は無力であるという政治学の通説と親和的な結果が明らかにされた[6]。近年の研究でも同様の権力構造の存在が確認された[7]。

社会学では、こうしたアクターを市民や住民という概念で包括し、1960〜70年代に頻発した住民運動や市民運動という事象に注目して研究対象としてきた[8]。しかし、事象の分類や差異化への注目がされる一方、その政治的な影響力をはかるという観点は社会学の領域を越えるものであった。

しかし、政治学が市民とは何かという問題設定に背を向けていたわけではない。現実の動きを追うことよりはむしろ、政治参加論、参加民主主義として、あるいは統治構造やこれを支える法規範の問題として理論的な検討に注力された。

高畠通敏は自身の市民運動の経験を基に、市民政治、生活者、大衆運動をキーワードに、市民参加を進める理論を築いた[9]。市民であることを人間としての生活モラルという全体性に求め、市民運動をイデオロギーに基づく組織的な行動と区別した。市民運動を含めた市民参加を直接民主主義の論理の復活と位置づけ、参加を通じた社会構造の変革を描いた。参加の意味は生活の場としてのコミュニティを形成することから始まり、産業構造、管理構造の変革イメージへと広がり、イデオロギーを超えて社会構造の基本的な変革につながることを理論づけた。市民運動の先に、国家に対抗する市民的な公共社会をつくり出す可能性をみたのである。

一方、松下圭一の市民自治理論は、日本国憲法に基づく統治体制が頂点から下へ向かう三角形としてイメージされるのに対し、市民を底辺と位置づけつつ下から頂点に向かう三角形の国家像として再構築する可能性を理論化するものであった[10]。これは中央集権的な統治体制や階級対立を前提とするエリートモデルの逆を行くものであり、体制選択の問題を主軸においた日本の政治学・行政学に発想の転換を迫るものとなった。高度経済成長に伴う社会変化を都市型社

会と規定し、政策主体が市民へと転換する必然性を明らかにしつつ、身近な政府である地方自治体への参加を基盤として、積分的に形成する国家論を提唱した。

高畠の市民参加は代理人運動を理論づけ、生活者政党結成の動きにつながった。松下の統治構造の変革は、1970年代には革新自治体における自治を支える理論的な支柱となり、1990年代には地方分権を進める理論として生き、現実政治にも影響を与えながら、今日にまで受け継がれている。

（2）近年の動向

1970年代に活発になった市民運動や自治体参加は、革新自治体の退潮などから限界に直面したが、直接民主主義的な制度の必要性はかえって認識されることになった。この後、社会主義国の退潮や先進資本主義国に共通した福祉国家の限界、EUの成立等の国民国家の流動化をみるなかで、市民社会や市民をキーワードとして、政治の混迷を読み解く動きが広がった。

日本国内では1998年に特定非営利活動促進法の施行があり、NPOという言葉の認知が進んだ。行政手続法の改正や情報公開法の制定など、政策形成過程に市民の参加を促す制度の構築が進み、市民やNPOをアクターとした研究が進んでいる[11]。身近な政府である基礎自治体との関係性のなかで、市民参加や協働をキーワードにしたものが目につくが、国との関係性を対象に市民と政治の係わりを論じたものもある。

例えば、「NPO政治」を掲げ、利益団体研究や市民社会研究の分析視角に立脚しつつ体系的な分析を試みたものがある[12]。利益団体や圧力団体との対比で考えれば、市民団体が立法活動を行うことは、議会や政治家へ働きかけを行うという点で、利益団体等の活動と同じものである。では、市民の立法活動は利益団体や圧力団体の働きかけとどのように区別されるのだろうか。

市民団体が目指す立法には、社会的弱者あるいは少数者の意見を代弁するものもあり、必ずしも自己の特殊利益に限定されない[13]。こうした考え方はジェフリー・M・ベリー（Jeffrey M Berry）の公益団体（public interest group）という概念で普遍化される[14]。公益団体は集合善を目指すものとされ、組織の構成員や運動家に対する選択的利益、物質的利益を求めないとされた。同じ論者は、そ

の後、公益団体でなく市民団体（citizen group）という言葉を用いるようになったが、この意図を自身の関心が市民団体の活動における物質主義と脱物質主義の混同を分析することにあるためとした。こうした分析が必要であるとする認識の下には、市民が目指すものが公益に限定されず、自己に対する物質的なものを含む場合があるためであろう。

　それでも、市民という言葉を用いて既存の利益団体との差別化を図る意味があるとすれば、「レイトカマーであるNPOの政治行動を考えることは、新興かつ弱小の団体がいかにして利益団体政治に新規参入していくかを検討するための格好の研究素材ともなる[16]」という点に求められよう。

　政官財の三者でつくられた均衡は、周辺のアクターを包摂しつつ、今日、多元的な均衡を成立させている。こうした均衡に対し、多様な主体の参画を促して、調整と均衡のダイナミズムのなかで政策を形成することは、代議制民主主義の弊害が目につくなかで、望ましい民主主義のあり方に近づく方策となる。市民立法を論じる意義はここにある。

　本書では、市民とは政治過程に遅れて参入を目指す潜在的な政治集団としたい。現状では集団を形成できずアトム化している個人も想定される。このとき、新しく形成される圧力団体とするのではなく市民という言葉を使うのは、政官財のトライアングルに組み込まれた圧力団体、すなわち個別利益に基づき既得権益を確保してきた集団との対比のうえで、個別利益ではなく公益を求めるもの、政治的資源に乏しく参入のルートをもつことができなかった社会的な弱者、集団形成による圧力を生み出すことが難しい少数者等を政治主体として想定するためである。国民という包括的な概念を用いれば、現状の政治体制のなかで利益を得ている集団を含むことになり、これとの差異を図るために、市民という言葉を用いるのである。

2　市民立法に係わる理論研究

　ここまで、市民と政治の関係を論じることの意義を明らかにしたが、ここでは立法活動に関して、既往の研究ではどのように論ぜられてきたのか、法学、政治学における学術研究から市民立法の定義をみておく。さらに、立法の議論

が提案形式から論じられることが多かったため、ここでも提案形式に係わる議論を整理することにしたい。提案形式をみることは、誰が立法の主体であるかという立法に係わる本質的な問題をはらんでいる。

なお、市民立法について論ずる際、条例も対象としている場合があるが、直接請求の制度のある条例とそうした制度のない国の法律を同様に論じることは避けたほうがよいという立場から、本書では国の法律制定に係る立法活動のみを対象とする。

（1）市民立法とは（定義）

立法学を体系的に扱った教科書的な文献である『立法学講義』は、議員立法と閣法を対比し、議員立法の役割を論じるなかで「議員提案を原則と考えられる法律案」として「市民立法」というカテゴリーを挙げた[17]。ここでは、「社会活動団体の要望を盛り込んだ法律案」として「市民立法」を規定し、「行政が直ちに行政施策として取り上げ難い事項に関するもの」「内閣立法の弱点を補う役割を果たすもの」とされた。この時点で「近時注目される類型」としており、2011年の増補版でもこのカテゴリーは継承された。

さらに別の節で[18]、議員立法の類型化を論じるなかで、「内容的拡大傾向」とともに「立法過程における変化」を指摘し、NPO法（特定非営利活動促進法）や被災者生活再建支援法を例に挙げつつ、「立法過程に、従来の圧力団体とは異なる『市民団体』が関与するケースが出てきた」とした。しかし、2011年版ではこの記述は修正された。議員立法の内容的傾向と類型化を試論として論じるなかで「政治主導の政策形成（基本法に多いが、必ずしもそれに限らない）[19]」という初版になかった新たなカテゴリーが設けられた。旧版との対比でみれば市民団体の関与に係わる類型を引き継いだカテゴリーであるが、市民団体の関与を取り払い、政治主導を前面に出す形になっている。

ほかに日本の立法過程を包括的に実証研究をした谷勝宏の『現代日本の立法過程』がある。本書は、1980年代以降の政策過程における官僚制・政党・利益団体の関係を論じるなかで、個々の利益団体の要求が省庁や有力な族議員に対してなされる状況をみながら、労働組合や環境保護団体、未組織労働者や社会的弱者の要望が野党に系列化され野党との競合を通じて自民党の政策に影響を

及ぼしてきたことを指して、国会が多元的な利益を調整する場として機能してきたと評価した[20]。

そのうえで、当時の状況を、日本でも「公益利益運動を中心とする多くの団体が政策領域に参入するという流動的・開放的なイシュー・ネットワークの政策過程が、環境保護や消費者保護などの政策領域においても徐々に形成される段階になりつつある」とし、続く1990年代における政権交代と連立政権の成立をみて、これに伴う利益調整型の政策過程の変化を歴史的実験の過程と位置づけた[21]。

このような認識は、同じ著者である谷の議員立法に関する実証研究のなかで鮮明にされた[22]。まず、55年体制下における議員立法の機能について、与党主導のものを指して「特定業界の保護を図る競争規制型法案が多かった一方、議員が能動的に立法を意図し、既得権益に固執する官僚制や業界団体の抵抗を押さえたり、利益集団間の利害を調整して社会的な正義を実現したりするケースが少なかった」とし、「官僚主導の立法では反映されにくい多元的な国民の要求の吸い上げや、少数者の救済、憲法に保護された権利の実現といった"理念型"の政策は、成立した議員立法には少なかった」とする。こうした認識を示しつつ、自社さ連立政権時代（1994～96年）にさきがけや社民党の若手議員を起動役とする新しいタイプの超党派提出法案（以下、超党派立法）がみられるとした。「特定の顧客集団を対象とした集票を目的とするよりも、環境保護や行財政改革など公共性の強い政策領域」において、「市民運動や研究者、ボランティア等の協力を得ながら、党派を超えた個別議員の自律的な結集を促し、国会や政党の内部からイシューを外部に発信し、世論の支持を動員するというスタイルが模索された」と時代の変化を追った[23]。

このことは、定量的な議員立法の提出者の変化を追うことによって傍証され、自社さ政権時代に超党派の議員立法が増加していること、このなかに先に述べたような従来のような分配・保護規制政策に対置される「市民主導型立法」がみられることが示された[24]。続く自民・自由連立、自自公連立、自公保連立政権では、委員会提案であるものの、被害者の救済に係わる法律等が超党派の議員による活動を基盤に制定された状況があったとした[25]。

さらに、河野久が現職の参議院法制局長として実務的な見地から議員立法を

分析していた。[26] 1993年の細川政権の成立以降の連立時代を指して、「各党が競合して政策を法律案として提案するようになるとともに、これに一般市民の立法化についての要望が結びつき、いわゆる市民立法の現象が広がってきた」とある。連立政権前後で議員立法の数が著しく増加していると同時に、「立法の対象及び内容並びに立法過程に大きな変化が生じている」とし、「これまでは政府において立法化されていた分野を対象としたもの」、「既存の観念を乗り越えて新たな政策を立法化したもの」、「その時々の国民の要望に速やかに応えたもの」が成立したとした。

近年のものでは、戦後70年にわたる議員立法の変化を追った論文がある。[27]この目的のために先行研究を大量にサーベイしているが、議員立法の類型と変化について述べるなかで、4つの類型化の切り口を立て、このなかに「超党派型と市民立法型」を挙げた。[28]この論文で類型化にあたって参照された文献を辿ると、「議員立法が国民から議員への働きかけを通して、いわばイニシアティブの代用品として機能しうる要素を充分もっている[29]」としていた。

このほか、帝国議会時代から2010年までの立法動向を追った論文でも先行研究に基づいて市民立法に言及し、[30]「平成20年代にかけては、弱者保護や被害者救済のための法律が顕著になってきている[31]」とした。佐々木正太郎も先行文献を引き市民立法に言及した。[32]

以上、各論者の市民立法の捉え方を整理すると、立法活動における変化がみられるとした対象や時期については差異があるが、共通する要素を抽出するなら、社会活動、市民団体、公益、多元性、直接性といったものがキーワードになろう。時期については、特定されていないものもあるが、細川連立政権、自社さ政権といった形で連立政権が1つの契機とみられている。また、論文が書かれた時期から、おおむね1990年代以降が画期として示唆される。ただし、谷(2003)や大森・鎌田編(2006)が複数の論者から引用されており、広範な議論があったとは必ずしもいえない状況がある。

(2) 提案形式の観点から

ここまで市民立法に係わる研究の蓄積をみてきたが、提案形式に注目するなかで議員立法との関連で言及されているものがあった。では、市民立法は議員

立法によってなされるものなのだろうか。

　市民立法について日本初の市民立法の解説書を謳った市民立法機構編（2001）は、活動に係わった運動家や研究者が共同で執筆したもので、歴史的な意義、制度的な条件についての学術的な考察から、過程の記録や現状の問題を実務的な観点から記したものなど、市民立法に関する多角的な検討がなされている。

　このなかで提案形式に注目して市民立法を類型化し、第一類型を市民＝直接立法、第二類型を市民＝議員立法、第三類型を市民＝政府立法としていたが、必ずしも提案形式の類型にこだわる立場はとっていない。「市民立法とは市民の発案により法を制定しようとするプロセス」とし、その核心を「何を実現すべきかの内容にある」とし、そのなかにどのように市民の意向が反映されているのかを重視する。[33]

　日本では直接請求の制度はないために、第一類型は成立せず、議員立法か閣法での成立を目指さなければいけない。先にみたように、議員が市民の要望をくみ取りこれを政策化することで直接請求に準じた機能を果たすという点では、議員立法の活性化が期待されることになるが、議員立法にはいわゆるお土産法案化など特定の業界と結びついたものがあり、これが増加することがいちがいに市民立法の活発化とはいえない。

　一方で、閣法が政官財のトライアングルといった強固な結びつきに阻まれ、市民の要望が入り込む隙間はないと主張することにも無理があろう。例えば、江口隆裕は国会における意見調整システムとその限界を論じるための前提として、法律案の内容を分類するなかで「公益型立法」というカテゴリーを設け、「業界特定の利益集団を対象とするものではなく、より広く全国民を対象に一定の政策目的を実現するもの」とした。「発案は政府のイニシアティブによることが多く、その内容も政府主導で決定されることが多い」とした。[34]市民立法が政治家によってなされるとした大森政輔とは反対の立場である。他の分類として挙げられているのが体制選択型、個別利益型である。前者については与野党の対立を招きやすい、後者については利益集団との関係いかんで成立するか否かが決まるという対比のなかで、野党も調整に比較的乗りやすい分類として想定されている。この例としてエイズ予防法案、1985年の年金改正法案等が挙げられている。ただし、行政府による意見調整を前提とする限り、「未組織の

人々や圧力団体にほど遠い弱体のグループ等の意見、さらには各省庁の省益を超える国家的ないし国民的利益は主張されにくい」という問題が指摘されていた。

　この分類は1965年に書かれた論文を参考にしたとされる。この論文では立法の種類を「公益立法」と「特殊利益立法」としていた[35]。閣法によって公益型立法がなされるという認識は、ここまでみてきた論者の主張と異なるが、業界団体の利益に左右される政治家よりもむしろ官僚が公益を実現するという国士型官僚像に基づけば、このような見方も成り立とう[36]。

　市民の要望が、1980年代以前には実現されてこなかったというのは乱暴な話で、先にみた野党への系列化や、国会内外をアリーナとした多元化、官庁間のセクショナリズムを通じた多元化などを通じて間接的に実現されてきた実態があった。そうしたなかで1990年代以降、市民立法が注目されたのは、先行研究から抽出した市民立法のキーワードである社会活動、市民団体、公益、多元性、直接性のなかでも直接性に重きがおかれ、より市民の要望が反映される形での参画が必要であるとの認識が高まったからと考えられる。市民立法機構でも、市民立法の基本的な考え方として、「民主政治の地盤」を固めるための、直接民主主義、直接立法の考え方が紹介されている[37]。

　小林直樹（1984）は、法学の立場から、立法に関する理論と動態の分析とを併せて立法の体系化を試みるものであるが、市民立法という考え方は本書にはまだみられない。市民立法につながる論述として「民主立法」という概念が挙げられており、民主主義の機能化のため民意のソースとルートの確立の必要性について論じている。前者については民意の自発性を育成する社会的・政治的条件の整備、後者については選挙外の意見の伝達方法の開拓の必要性が挙げられている[38]。この論文では社会の利益が多様化し、政党が分化した諸利益を代表しえなくなったなかで、圧力団体の機能を「立法過程への利益集団の自発的参加は、政党による利益代表の機能減退を補充する意味では、積極的に承認されていい」という立場を、「グループが民主的に組織・運営され、それぞれの利益の主張を下部のメンバーや一般世論にも訴える方式をとるならば」という条件づきでとっていた[39]。先にみたように、谷は1980年代には野党への系列化を通じて国会が多元的な利益を調整するとしていたが、この時期は圧力団体を通じ

た利益の表出が機能していたのだろう。[40]

　ここまで先行研究を辿ってきたが、公益や社会活動を基盤とした立法についての論述は1990年代に始まったものでないことがわかる。そうしたなかで、今日ことさらに市民立法という名称を付し、新しさを纏おうとするのは、より直接的な参加が必要になっているという認識があるからではないか。こうした認識の背後にあるのは、1990年代以降の政治改革や行政改革を経た政策形成過程の変化である。小選挙区制度の導入や国会における審議機能を充実させる制度改革が進み、政治家が主導する形での政策形成に関心が高まった。行政改革を通じて、行政手続きにおける透明性が高まり市民が政策形成に参加する機会が増加したこともあろう。

　立法形式については長く政治家と官僚との二者の関係への注目を前提に、議員立法の活発化を論じるものが議論を呼んできたが、[41]上記のような制度変化を経た今日、市民が法律制定に係わる機会は実態として増加した。このため市民立法の議論は、議員立法か閣法かという２項間に帰着すると考えるのではなく、立法過程における参加の実質や制定された法律の内容を検証し、それがどの程度、市民の要望を反映するものであるかという点をみていく必要がある。

3　市民立法に係る事例研究

　ここまで、先行研究から市民立法の捉え方をみると社会活動、市民団体、公益、多元性、直接性がキーワードになっていることがわかった。また、市民と政治を論じることの意義を市民の直接参加による多元的な政策形成過程の実現としたが、立法の分野でもそのことの必要性が確認された。さらに、提案形式から政治家と行政の二者の関係に注目するだけではなく、そこに市民がどう係わるか、立法過程における参加の実質を検証することの必要性を指摘した。この点で事例研究の重要性が示されたのであるが、これまでどのような法律が市民立法との関連で論じられてきたのか、みておくことにしたい。

（1）市民立法との関連で論じられた法律
　データベース（CiNii）で市民立法をキーワードとして検索した50件の論文の

内分けをみてみよう[42]。市民立法に係る研究としては、これ以外にも政策過程研究の一環として法律制定を扱ったものやNPOの政治参加としてアプローチしたものなどがあることが想定されるため、ここでの例示は一定の傾向を示すという以上のものではない。

　これらは大きく、条例に関するもの、法律に関するもの、基本的な考え方に言及したものの3つに分けられる。タイトルからみるに、うち20件が条例の名を冠したものであり、法律の名称を冠したものは13件あった。法律の名称を冠したものは、制定された法律だけでなく、市民立法での立法を目指すべき、という規範的な観点から法律の制定を訴えるものがある。直接性ということを考えたとき、不完全ながら直接請求の制度をもつ条例の方が市民立法を論じやすいことがわかる。実際に制定された法律の名称を冠したものとしては次のものがあり、多くは実際の立法過程を分析している。

　自殺対策基本法／DV法／環境教育推進法／フロン回収・破壊法／生物多様性基本法／自然再生推進法／身体障害者補助犬法／政策評価法

　これらの法律のなかには、複数の論文で研究対象として挙げられたものもある。環境に係るものが目につくのは、公益をキーワードに市民の関与が進むためであろう。

（2）先行研究の概要

　個別事例に関する先行研究を、著書としてまとまったものを中心にいくつかみてみよう[43]。前節で市民立法の定義をみるなかで複数の論文は、直接あるいは間接に特定非営利活動促進法の制定経緯を踏まえて、市民立法のイメージを描いていたが、本法の制定経緯を明らかにするものとして、初谷（2001）、小島（2003）等がある。

　初谷勇はNPO政策全体の体系化を試みるなかで本法の制定過程を位置づけており、市民や直接性を前面に掲げて論じてはいない。しかし、公共政策の政策主体は政府であると考えられがちであった点を指摘しつつ、NPO政策を「多元化した政策主体によって担われる公共政策」としており、市民が主体と

なることの意義を認めている[44]。このうえで、本法の「立法政策過程」を「各政党、NPO、政府機関、研究者等が多元的に関与し、緊密にコミュニケーションが図られ、成案まで収斂していった」とし[45]、市民が関与して法律を制定したことの意義を積極的に評価した。

小島廣光は、本法に関する先行研究を特定の理論枠組みに基づいて分析したものではないとした。あるいは理論枠組みが不適切とし、政策の窓モデルを改定した「改定・政策の窓モデル」に基づき、本法がなぜ、どのように制定されたのかを明らかにした。本法を「わが国における本格的な『市民立法』の最初の事例」[46]と位置づけ、市民立法を「市民の発案にもとづいた市民と議員が協働した法の制定」もしくは「市民の発案にもとづいた市民と政府が協働した法の制定」[47]とし、事例分析の結果を参考にしつつ望ましい市民立法のあり方を提言した。また、小島（2003）では、本法の制定に係る先行研究を分析して、この立法過程の実態を、市民や研究者からの問題提起、政府立法と異なる議員の意思の明確化、ロビー活動の中心になった市民団体の存在などの側面から整理した[48]。

このほか、橘（2002）では、本法の制定過程の特徴を、「官僚の排除」と「市民の参画」に求めた[49]。また、このなかでは市民参画の意義を評価しつつも、特定の市民団体の過剰代表制の問題の指摘があった。

以上、特定非営利活動促進法に関しては、その制定プロセスに多様な市民団体の参画があり、そのことが新しい事象と捉えられていること、市民立法を議員立法に限定する立場はとらないものの、官僚の役割よりは議員の役割に注目した分析となっていた。しかし、本法のもつ新しさが強調される一方で、本法がどのように類型化されるべきかなど、法律のもつ性質そのものへの検討が十分でないため、このプロセスが一般化されるものなのか、あるいは特異な現象として終わるのかという点については、いまだ解明されていないように思われる。

特定非営利活動促進法以外の事例をみてみよう。本法制定以前に遡るが、1995年に制定され2年後に施行された容器包装リサイクル法の制定過程をまとめたものがある[50]。政策形成過程を動態として記録し、調整のプロセスを明らかにしたものであるが、立法過程に直接携わった立場から、市民参加と異なる市

民立法を模索した。制定過程において「市民団体、企業・業界や経済団体、自治体や自治労、あるいは廃棄物の処理業者や再資源業界等々の関連団体、利益団体によってさまざまな主張や議論が展開されるとともに、関連省庁や国会、政党などに対しても活発な働きかけがなされた」[51]とする一方、「市民の意見や要望が政策の形成あるいは法律制定過程に実質的に反映される」ことはなかったとし、「参加によって政策の選択や修正がなされ得る可能性が残されている状態」での実質的参加の必要性を主張する[52]。さらに、市民立法を「市民の自主的、主体的な調査研究を行い、その成果を政策づくり、法律づくりに発展させていくこと」とし、「研究 NGO」の役割を挙げた[53]。

　前節でみたように、立法過程の分析では、直接性をキーワードに参加の実質をはかる必要があるが、本事例で示されたのは参加の限界であり、限界を踏まえつつ市民の役割が検討されていた。

（3）本書における事例研究の意義

　ここまで先行研究の一部をみたが、アクターとしての市民に注目し、参加の実質の程度をはかる事例研究の蓄積は現状ではまだ限られたものである。市民立法という言葉を公知のものとし、立法過程におけるアクターとして市民を位置づけるためには、その影響力が拡大していること、役割が変わってきていること、など近年における変化の要素を抽出することが不可欠であろう。

　本書の目的は市民立法を実現するための要因を明らかにすることであるが、この目的を果たすために新たな事例を発掘し、政策形成の理論と対照させながらアクターの影響力の程度や役割の蓋然性を指摘することは、学術的な貢献に資するものとなろう。以下では5つの事例をみるが、この意義は主に次の2つの政策形成論の検証に資することにある。

1）合理的行為者論から

　市民立法の定義や提案形式について検討するなかで、議員との関係が市民立法をみる際の1つの焦点になることがわかった。何が政治家を政策の実現に誘引するのかについて、議員の再選欲求を出発点として再選のための政治資金と票を求める政治家の行動という図式は経験的に理解しやすい。デイヴィッド・

R・メイヒュー（David R Mayhew）は再選戦略が議員の行動の重要な部分を占めることを説明し、これを最優先と位置づけることで、議員の行動が説明できるとした。[54] これに対して、リチャード・F・フェノ（Richard F Fenno）は選挙民と議員との関係をみるなかで、合理的な議員は再選、昇進、政策の実現の3つを目標として行動するとした。[55] 建林正彦はこの3つの目標を基に、シニオリティルールの下では当選を重ねることが昇進目標の達成となり、これが政策目標の実現を容易にするという、再選・昇進・政策実現は相関関係、連鎖的関係にあることを示した。議員の昇進目標、政策目標を再選目標によって代替することができ、このため、再選が他の政策目標に優先するとした。[56]

日本政治固有の状況に基づく議論としては、再選を目指す議員の行動を補助金による利益誘導と族議員の形成によって説明したケント・E・カルダー（Kent E Calder）があり、再選が議員の行動目標になっている状況を裏づけた。[57] さらに、日本の政治構造を規定するアクターの行動を、制度との関係から合理的なものとして説明づけたJ・マーク・ラムザイヤー（J Mark Ramseyer）は、政治家と有権者の関係を私的財と公共財の供給バランスから説明している。[58] ただし、特に後者については中選挙区制度の下での政治家の行動を解くものであり、小選挙区制度が施行された後の行動誘因については留保がつこう。[59]

本書では市民を、政治過程に遅れて参入を目指す潜在的な政治集団であり、公益を求めるもの、社会的な弱者、少数者等を政治主体として想定している。環境や平和など公益的な価値については、直接の利益を自覚しづらくフリーライダーが発生しがちである。対象が少人数である、政治的な資源が少ない、あるいは当事者が見えにくい事案については、政治家の協力を得にくいことが想定される。

市民が望むような法律は政治家の行動を誘引する材料に乏しく、制定されることの困難が想定される。こうした法律の制定にどのような因子が働くのかを事例を通じて明らかにすることは、多元主義的な均衡が成立し閉塞感が漂う今日の政治過程に、多様な主体が参入するための示唆を与え、他の同様な条件をもった法律の制定に資することとなるだろう。

また、議員の行動が再選との関連で説明づけられるという点については、様々な留保がつくなかでも、議員の行動を規定する要因の1つであることは否

定できない。その行動が一連の政治制度改革の後にどのように変わってきているのか、という点についての実証は途上にある。本書の付随的な意義になるが、政治制度改革を経た後の議員の行動を検証するという点も記しておく。

2）イシュー・ネットワーク論から

　一方で、上記のような見方は合理的な行為者を想定したものであるが、政策決定者に完全な情報が与えられ合理的な行動をするという想定は現実には難しく、政策は官僚組織間あるいは政府内のアクターの相互調整や交渉の結果によって決定されるとする考え方もある。さらに、このように調整や取引によって政策が決定されるという見方以外の政策形成のあり方にも根強い支持がある。

　イシュー・ネットワーク論を提唱したヒュー・ヘクロ（Hugh Heclo）は、1960年代から70年代にかけてのアメリカにおける財政の膨張要因を分析し、その過半が個人的給付に充てられていたことから、公的な問題の解決に関心をもつ知的階層の存在に注目し、それらが影響しあい学習しあって政策案を提示するネットワークの存在を理論づけた。[60] この概念の提示には、鉄の三角形が意識されている。鉄の三角形が閉ざされ限られた対象に向けられ、直接経済的な利益に結びつくものを目指すのに対し、イシュー・ネットワークは開かれ、多数の人が係わり、公的政策に網の目のように影響を及ぼすものである。

　こうしたネットワークが成立する前提となるのは、政策形成が知的な営みであるということである。社会が複雑化する今日、政策が目指すものが明確でなくなり、その効果の予測も難しい。公的な問題とされている事項も増えている。政策決定者に求められる役割が専門化せざるをえないなかで、政策決定者は専門家を求めている。ここに知的なネットワークの必要性が生まれる。政策決定者が利益団体や党派性に依拠するだけでは信頼が得られず、その命令が機能しない可能性もあるが、イシュー・ネットワークを通じて人々の反応を探るといった役割もある。

　これに先立ち、同じ論者によって政治的な学習（Political Learning）の役割を論じた論文もある。エリートモデルや多元主義に触れ、これらは調整のプロセスを解明するにすぎず、大きな変化を説明しきれないとした。社会に目を向ければ、国内外にわたる知的な資源があり、これらの学習によって大胆な変化が

引き起こされるとする。[61]

　このようにみてくると、イシュー・ネットワークの概念は政治をみる視点を鉄の三角形モデルから解放し、政策形成の営みを知的なものへと昇華させる媒介となっている。ネットワークの存在は、それ自体が正当性を問われ、政策形成に影響を与えることの是非を問われるものでもあるが、この存在を視野に入れて実態をみることは、公益に係わる政策が生成する過程を解き明かす可能性を大いに高める。また、ネットワークのなかに市民というアクターをおくことで、この役割の蓋然性を明らかにできる。前節で挙げたような政治家の行動原理以外の要素を解き明かすこともできよう。

　政策の動態性を考えれば1つの政策モデルによってすべての事例の説明がつくわけではないが、以下の分析にあたっては、主にこれらのモデルとそのバリエーションを枠組みとして設定している。それぞれの事例研究の意義と枠組みの詳細については各章で論じることにしたい。

4　本書の構成

　本書の目的は冒頭に挙げたように、市民立法の意義を学術的に検討することと市民立法を実現するための要因を明らかにすることであった。この目的のために、ここでは大きく次の方法をとる。第1に、市民の立法活動の前提となる立法動向全般を概観し、第2に、市民が立法過程に係わりその要望が実現された法律の事例を分析する。第1の点に係る部分が第1章となり、第2の点に係る部分が第2～6章となる。終章で全体の総括を行う。

　本書の構成は次の通りとなる。

第1章　市民立法の動向

　事例分析の前提として近年の立法動向をみておく。閣法か議員立法かという提案形式に注目して統計的にみるとともに、定性的な動向を整理する。これらの動向を踏まえ市民立法が今後どうなるか、以下の事例をみるための視角を定める。

第2章以下は事例を扱うことになる。事例の概要は次の通りであるが、いずれも市民が深く関わって法制化されたものであり、この法制化の要因を明らかにする。

第2章　児童虐待防止法の立法過程

2000年に制定された児童虐待の防止等に関する法律（児童虐待防止法）は、児童虐待の定義を明確にし、関係者の通告義務を定めるものである。虐待の実態は児童相談所等の関係者の間では広く知られていたが、一時保護を速やかに行うための条件が整わないことが懸案となっていた。このため、福祉や医療、法律分野の関係者が、実態調査の結果を行い、これを公表することを通じて世論の関心を高め、政治家との連携を図りながら制定につなげた。法制化の要因を明らかにするためにポール・A・サバティア（Paul A Sabatier）の唱道連携フレームワークからの分析を試みる。政策変化は政府中枢ではなく、政策争点ごとに政策の実現に直接関与する政策サブ・システム内に起こるとし、政策変化の主体は制度ではなく、アドボカシー・グループにあるとするモデルである。トップダウンの政策形成と異なり、多様な主体が係わるなかで政策形成を推進したものを明らかにする。

第3章　性同一性障害者特例法の立法過程

2003年に制定された性同一性障害者の性別の取扱いの特例に関する法律（性同一性障害者特例法）は、戸籍の続柄に係る性別記載の変更を認めるものである。生物学的な性（sex）と性の自己認識（gender）が一致しない状態は、WHOが定めた国際疾病分類にも記載される医学的疾患であったが、一般には理解されず、世俗的な興味で語られることが多かった。当事者は自らの疾患を公表しない場合が多く、表立った活動がしづらい。こうしたなかで、問題を発掘し当事者の意向をくみ取りながら政治過程に持ち込む働きをした政策起業家の活動が、政策の実現に結びついた。ここでは政策起業家の行動を誘引するものを明らかにする。

第4章　発達障害者支援法の立法過程

　2004年に制定された発達障害者支援法は、発達障害者の早期発見、教育、就労など各段階への国・自治体の関与を定めたものである。発達障害者は健常者と見分けがつきにくく理解されづらい。発達障害のなかに包括される障害は複数あり、関係者は小規模な独自の活動をしており、まとまることも難しかった。また、すでに支援の対象となっている障害との体系化などの問題があって省庁が法制化に消極的ななかで、政治家が主導し法制化が進んだが、法律制定の必要性を訴えたのは、専門知を有する専門家であった。当事者の問題を政策過程にもちこみ、政治家・行政との橋渡しをしたことで政策の実現に結びついたのである。ここでは影響力の観点から市民の役割を検討する。

第5章　自殺対策基本法の立法過程

　2006年に制定された自殺対策基本法は、自殺に関する総合的な対策を推進するものである。自殺の予防はうつ病対策に偏重していたが、原因が複合的であることを踏まえた総合的な対策が望まれていた。自殺は与党の新自由主義的な経済政策の帰結であるというアジェンダの設定が可能である。また、遺族が表に出たがらず推進力がみえにくい。こうしたなかで、何が立法の推進力になったのか、政策の窓モデルにより分析する。政策の窓モデルでは問題の流れと政治の流れ、政策の流れを一致させる政策起業家の役割が強調されるが、ここでは政策起業家と市民の関係性をみながら、市民の役割を考える。

第6章　風営法改正（ダンス規制緩和）の立法過程

　2015年6月の風俗営業等の規制及び業務の適正化等に関する法律（風営法）改正では、ダンス営業が風営法の対象からはずされた。風営法第2条は風俗営業を定義し、「客にダンスをさせる営業」について定めていた。クラブの営業は許可の下で行われていたが、営業時間や店舗の面積に基準があり、現行の営業はグレーゾーンで行っている実態があった。本法の改正には、主に若いダンス愛好者を巻き込み、世論に訴えることで改正の圧力にしようとした活動が目につくが、多様なアクターが係わっていた。議員の積極的な動きの一方で最終的には警察庁を動かし閣法での提案となったが、政治過程を利益集団、組織、

グループ相互の調整・作用の力学であるとみなし、この関係性のなかで政策が決定されるとする多元主義アプローチからの分析を行い、アクター相互の関係性を明らかにする。

最後に終章として、2000年代に行われた上記の５つの事例から共通に示唆される要素をまとめ、市民立法を実現させる要因として抽出する。第１章で定める視角を踏まえつつ、外部環境に係るものを検討したうえで、市民立法の中核的な要素である直接性について検討を行うことにしたい。そのうえで、若干のマニュアル的な要素を含めアクターに係る固有の要素を検討する。

なお、事例研究については、論者が学術誌に発表した論文を基にしている。いずれも、本書の公刊のために大きく加筆・修正を行ったが、法律制定に係わった団体・グループの規模、活動状況、関係者の役職については、初稿取材時のものをそのまま用いた。法律の制定を契機に活動が活発化し、求心力をもち、団体が大きくなったものもある。公的な活動の機会が増加し社会的な影響力も当時とは異なる。ここで取り上げた問題が注目を浴びることも多くなった。それが法律制定の効果なのかもしれないが、立法活動の記録を留めておく意図である。

1) 朝日新聞社「聞蔵Ⅱビジュアル」(1990年８月18日)。社会党議員の訪米を報じるなかで、市民グループがロビー活動するアメリカの様子を報じる際に使われた。
2) 市民立法機構 (2001) 3頁。
3) 小田 (1996)。
4) CiNii (2016年９月16日アクセス)。
5) 村松 (1981) 286-290頁。
6) 村松・伊藤・辻中 (1986) 219頁。
7) 辻中・森 (2010) 240-244頁。
8) 丸山 (2001) 189頁。
9) 高畠 (1984、1993、1997) 等。
10) 松下 (1971、1975) 等。
11) 以下、他の文献を参考にする場合、直接の引用でない限り、市民立法の趣旨を明確にするためにNPOという言葉を市民と読み替えて使う場合がある。
12) 辻中・坂本・山本 (2012)。

13) 新川（2005）。
14) Berry（1977）pp.6-11.
15) Berry（1999）p.23.
16) 坂本（2012a）113頁。
17) 大森・鎌田編（2006）51頁。この節は大森政輔。
18) 大森・鎌田編（2006）147-148頁。橘幸信。
19) 大森・鎌田編（2011）152-156頁。橘。
20) 谷（1995）208-209頁。
21) 谷（1995）210頁。
22) 谷（2003）8頁。
23) 谷（2003）58頁。
24) 谷（2003）167-168頁。
25) この時期に制定された超党派あるいはこれに近い提案の仕方で制定された法律として、NPO法、被災者生活再建支援法、児童買春・児童ポルノ処罰法、ダイオキシン類対策特別措置法、児童虐待防止法、ストーカー行為等規制法、DV防止法等が挙げられている。
26) 河野（2000）。
27) 茅野（2016）。
28) 茅野（2016）52頁。谷（2003）などの研究が参考にされている。
29) 大石（1997）10頁。
30) 古賀・桐原・奥村（2010）124頁。谷（2003）や大森・鎌田編（2006）が参考にされている。
31) 古賀・桐原・奥村（2010）126頁。
32) 谷（2003）が引かれている。
33) 市民立法機構（2001）23-27頁。
34) 江口（1993）19-20頁。
35) 芦部編（1965）257頁。池田政章によれば、特殊利益立法の主体を「経済的利害によって結ばれた組織的団体」としており、「不特定の非組織的なグループ」と対比し、経済的な利害を公益と私益の分岐とする。
36) 公益立法の主体として行政を想定することは、著者の官僚としての経験が反映されているのかもしれない。
37) 市民立法機構編（2001）第1章。
38) 小林（1984）46頁。
39) 小林（1984）61頁。
40) 芦部編（1965）266-267頁。圧力政治を代表過程において不可分とする。また、利益団体の活動が顕著になった時期を1953年以降とする。
41) 例えば、五十嵐（1994）。
42) CiNii（2016年9月16日アクセス）。CiNiiは日本語論文研究データベースであり、学術論文だけでなく、一般誌に掲載されたものも含む。
43) 市民立法という点から先行研究を整理したものとして藤村（2009）28頁、NPOの政治活動という点からの整理として坂本（2012a）110頁がある。

44) 初谷（2001）85-94頁。
45) 初谷（2001）273-274頁。
46) 小島（2003）50頁。
47) 小島（2003）245、247頁等。
48) 小島（2003）7-10頁。
49) 橘（2002）53頁。
50) 寄本（1998）。
51) 寄本（1998）86頁。
52) 寄本（1998）104-110頁。
53) 寄本（1998）117-118頁。
54) Mayhew（1974）.
55) Fenno（1978）.
56) 建林（2004）第1章。
57) Calder（1991）. この文脈に沿うものとして、猪口・岩井（1987）は、外交、教育といったイデオロギーに基づく分野が自民党のなかでは主流でない状況を示した。的場（1986）は、資金や票以外の動機としてイデオロギーの役割に焦点があてられている。
58) Ramseyer（1997）.
59) 自民党が長期政権を保った要因を、斉藤（2010）では、利益団体側の行動に焦点をあてた「逆説明責任体制」という概念を用いて説明し、自民党が単純なバラマキによって政権を維持したものではないとする。
60) Heclo（1978）.
61) Heclo（1974）pp. 318-320.

第1章
市民立法の動向
▶国会審議の場から

　前章で市民立法に言及した論考をみてきた。また、市民立法を冠する事例研究をいくつかみたが、実質的な参加の限界を指摘するものもあった。

　論考については限定された先行研究を根拠に論じられていた。また、市民立法に言及した論者が当初の論考から年月を経て市民団体の関与よりは政治主導の部分を強調していることもあり、市民立法が実態として活発化しているのかという点について定かでないところが残る。

　ここでの目的は、市民立法は活発化しているのかどうか、さらにはそれが定着するのかどうかを立法動向全体をみながら検討することである。この目的のために次の方法をとる。第1に、2000年代における議員立法の提出主体別の定量的な動向と、どのような法律が制定されているのか定性的な動向をみていく。第2に、市民立法が今後どうなるか法律制定全体の動向のなかで検討する。本章におけるこれらの作業を通じて、次章以下で行う事例分析の視角となる仮説を構築する。

1　議員立法の実態分析

　上に挙げたような問題意識の下で、ここでは、先行研究で自社さ政権時に超党派立法が増加し、このなかに市民主導型立法がみられるとしていたのを手掛かりに、2000年から2015年までの議員立法の成立状況と超党派立法の増減をみたい。ここでの検討は、市民立法の実現は提案形式にこだわらずその実質に注目すべきであるという立場をとりながらも、議員立法が直接請求の代替として期待されるという観点、あるいは市民の要望をくみ上げる方法が政治主導との関連で論じられてきたことから、政治改革を経て政治主導を進める基盤整備が進んだ下でこの可能性を探るという意味がある。

　以下では、成立した議員立法を提出者別に区分し、与野党共同で提出された

法案を超党派立法とした。すべての会派が係わらなくても発議者が与野党にまたがる場合を含んでいる。ほかの提案形式としては、委員長提出法案（以下、委員長提案）、与党単独提出法案（以下、与党提案）、野党単独提出法案（以下、野党提案）に分類した。

超党派立法の事例としては、超党派の議連の活動を母体としたもののほか、政府部内での調整が困難で委員長提案になじまない、国会や選挙制度に係わるものなど会派内の意思統一が難しいものなどが想定され、必ずしもこのカテゴリーで提案した法律が公益を目的としたものとは限らない。一方、委員長提案はすべての会派の賛成を前提としているため、賛同を得やすい公益を掲げたものが含まれる可能性がある。このため、提案形式の変化からわかることには限界があることを前提として、定量的な動向と併せて、この期間にどのような法律が成立したのか個別の立法動向をみておくことにしたい。

（1）全体的な動向（総数）

まず全体の動向として2000年から2015年までの議員立法の成立件数の合計は392件で、この間の年平均成立件数は24.5件であった（図1‐1）。

先行研究からこれ以前の状況を記しておくと、1991年から2000年までの年平均成立件数は19.6件であり、議員立法の成立件数が増加していることがわかる[1]。1981年から1990年までの年間平均成立件数は13.6件、1971年から1980年までは14.6件であった。

2012年は35件の議員立法が成立した。東日本大震災の翌年にあたるが、必ずしも震災関連の法律が件数を増加させているわけではない[2]。2000年、2001年、2007年、2011年、2014年でも30件を超えていた。2011年には31本の議員立法が成立したが、この年は震災関連の法律が多い。議員立法の類型として、迅速な対応を求められる災害関連のものが挙げられているが、この年の議員立法はそのことを裏づけることになった。

（2）提出者別の動向

どの年次を通じても委員長提案が多く、2000年から2015年まで成立した議員立法のうち平均74.9％が委員長提案によるものとなっていた。2001年は50.0％

図1-1　成立議員立法の提出者（実数）

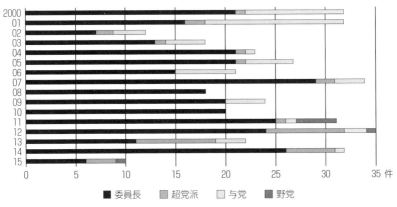

出所：衆議院ホームページ「議案情報」「法律案等審査経過概要」「衆法情報」から作成。参法を含む全成立件数。

注：第168回国会は2007～08年にまたがるが、2007年の実績とした。

と低いが、一方で与党提案が14件、43.8％となっていた。自公保の連立期にあたるが、与野党の対立が激しくなるなか与党の強引な国会運営が目立った年となった（図1-2）。

以下では、超党派立法、委員長提案の動向についてみた後、その他の事項について言及する。

（3）超党派立法の動向

ここでは超党派立法の動向について検討するが、まず2000年から2015年の期間中で、立法が集中した時期についてみてみたい。2012年が8件と多い。この年には第180回から182回国会が開催された。

第180回国会で成立した超党派立法は以下の通りである。

国家公務員の給与の改定及び臨時特例に関する法律案／郵政民営化法等の一部を改正する等の法律案／社会保障制度改革推進法案／就学前の子どもに関する教育、保育等の総合的な提供の推進に関する法律の一部を改正する法律案（認定こども園推進法）／大都市地域における特別区の設置に関する法律案／消費者教育の推進に関する法律案／消費者基本法の一部を改正する法律案

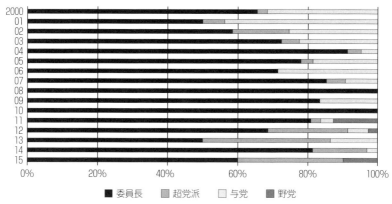

図1-2　成立議員立法の提出者（割合）

出所・注：図1-1に同じ。

　第181回国会で成立したのは国会議員の歳費及び期末手当の臨時特例に関する法律の一部を改正する法律案であり、第182回国会での成立はなかった。
　この時期は、与党が民主党と国民新党との連立政権にあたり、政権交代の成果として政策の転換が期待される状況にあった。制定された法律をみると、郵政民営化や社会保障制度の見直しを通じて前政権からの政策転換を進めるものである。認定こども園推進法は、省庁の枠を超え政治主導を掲げる政権の目玉政策であった。大都市地域における特別区の設置に関する法律案は、直接には大阪都構想の実現を想定している。政局にからみ各党の思惑から少数政党が進める政策の実現に他党が協力する形になった。
　これらの政局との関連性が強い法律のほか、市民に関連したものとしては、消費者教育推進法があった。「消費者市民社会」を謳い、保護の対象から主体へと消費者の位置づけを転換させるものである。
　2014年の第186回国会では5本の超党派立法があったが、次の通りである。

　国民の祝日に関する法律の一部を改正する法律案／日本国憲法の改正手続に関する法律の一部を改正する法律案／学校図書館法の一部を改正する法律案／社会保険労務士法の一部を改正する法律案／財団法人日本遺族会に対する国有財産の無償貸付に関する法律の一部を改正する法律案

国民の祝日(山の日)を制定するもの、憲法改正手続きに係わるもの、国有地の日本遺族会への貸付、社会保険労務士の業務の拡大、学校図書館司書の必置に係わるものである。広く国民に係わるもの、国会の制度に係わるもののほかは、支援団体の意向に応える形での立法が目立つ。

2013年の第183回国会でも5本の超党派立法があったが、次の通りである。

公職選挙法の一部を改正する法律案／スポーツ振興投票の実施等に関する法律及び独立行政法人日本スポーツ振興センター法の一部を改正する法律案／成年被後見人の選挙権の回復等のための公職選挙法等の一部を改正する法律案／いじめ防止対策推進法案／麻薬及び向精神薬取締法及び薬事法の一部を改正する法律案

インターネットを活用した選挙運動の解禁、サッカーくじの売上金のスポーツ振興への活用、成年被後見人の選挙権の回復、いじめ防止、麻薬の取り締まりに係わるものである。成年被後見人の選挙権の回復やいじめ防止は社会的な弱者の救済にあたり、社会活動や公益という市民立法のキーワードを想起させる。インターネット活用による選挙運動や麻薬の取り締まりは新しい社会事象への対応に分類できる。

このほかに、2001年から2015年までに成立した超党派立法を挙げると瀬戸内海環境保全特別措置法の一部を改正する法律案(2015年、第189回国会)、スポーツ基本法案(2011年、第177回国会)、被災者生活再建支援法の一部を改正する法律案(2007年、第168回国会)、少子化社会対策基本法案(2002年、第156回国会)、自然再生推進法案(2002年、第155回国会)、子どもの読書活動の推進に関する法律案(2001年、第153回国会)等がある。被災者生活再建支援法の改正については、ねじれ国会においていかに与野党協議を進め合意するかという点で試行的な法改正として注目された[3]。

以上、2001年から2015年の超党派立法の動向を通じて、新しい社会問題の解決や人権擁護のために党派を超えて連携するといった、市民立法のキーワードに即した側面のある法律の制定が確認される。法文に市民社会という言葉が記されるといった、近年の潮流に即した動きがあることもわかった。

一方、超党派立法の対象となったテーマには、時々の重要な政治案件が含ま

れ、与野党の対立を政治家が直接解決しようとしたことがわかる。従来から議員立法の類型に分類されてきた業法・士法、思想・信条に係わるもの、国会・選挙制度改革、災害対策が多いことも確認される。

　この期間の超党派立法は34件であり、年平均は2.3件にすぎず、数の上からは必ずしも超党派立法が活性化し、そのなかに市民立法が多くみられるとはいえない。2012年に超党派立法が集中したことは、民主党政権末期にあたり与野党の対立が激しさを増すなか、潜在的な課題を政治家同士の調整によって解決しようとしたことが大きいように思われる。

（4）委員長提案の動向

　期間中どの年代においても委員長提案の割合が高く、合計で295件の法律がこの提案形式で成立した。このなかから社会活動や公益を想起させる法律を抽出したのが（表1-1）である。社会的な弱者に関する問題が集まりがちな厚生労働委員会、公益に係わる環境問題を扱う環境委員会など所管が明確なものもあるが、所管の定めにくい問題を扱う総務委員会、省庁横断的な課題を扱う内閣委員会からの委員長提案がみられる。アルコール対策基本法は、業務多量を理由に所管官庁が決まらないなか、当初、内閣府が所管し将来的に厚生労働省へ移管することを附則に明記して、政治主導の決着が図られたものである。

　すべての法律の制定経緯について言及することはできないが、公益に係わり当事者や支援者の熱心な働きかけが制定を後押しした一例を挙げておく。

　過労死等防止対策推進法は、遺族とともに対企業との裁判を担当した法律家が制定の働きかけを行った。子どもの貧困対策推進法は、反貧困の運動のなかから制定を求める動きが生まれ、研究者等が実態を明らかにする調査を行い世論に訴えた。海岸漂着物処理推進法は、各地で清掃活動を行っていた市民団体と漂着物処理に苦慮していた地方自治体が連携し、さらに地域間の連携が進んだことで法制化につながった。

　このほか、本書で扱う児童虐待の防止等に関する法律案（児童虐待防止法）、性同一性障害者の性別の取扱いの特例に関する法律案（性同一性障害者特例法）、発達障害者支援法案、自殺対策基本法案もこの時期に成立した。

表1-1　委員長提案の議員立法（一部抜粋）

暦年	回次	法律名	提案者
2015年	189	琵琶湖の保全及び再生に関する法律案	環境委員長
2014年	187	私事性的画像記録の提供等による被害の防止に関する法律案（リベンジポルノ規制法）	総務委員長
	186	アレルギー疾患対策基本法案	厚生労働委員長
		過労死等防止対策推進法案	厚生労働委員長
2013年	185	アルコール健康障害対策基本法案	内閣委員長
	183	子どもの貧困対策の推進に関する法律案	厚生労働委員長
2012年	180	国等による障害者就労施設等からの物品等の調達の推進等に関する法律案（障害者優先調達推進法）	厚生労働委員長
2009年	173	肝炎対策基本法案	厚生労働委員長
	171	水俣病被害者の救済及び水俣病問題の解決に関する特別措置法案	環境委員長
		美しく豊かな自然を保護するための海岸における良好な景観及び環境の保全に係る海岸漂着物等の処理等の推進に関する法律案（海流漂着物処理推進法）	環境委員長
2008年	169	オウム真理教犯罪被害者等を救済するための給付金の支給に関する法律案	内閣委員長
		ハンセン病問題の解決の促進に関する法律案	厚生労働委員長
2007年	168	犯罪利用預金口座等に係る資金による被害回復分配金の支払等に関する法律案（振り込め詐欺救済法）	財務金融委員長
2006年	164	がん対策基本法案	厚生労働委員長
		自殺対策基本法案	内閣委員長（参議院）
2004年	161	発達障害者支援法案	内閣委員長
2003年	156	性同一性障害者の性別の取扱いの特例に関する法律案	法務委員長（参議院）
2002年	154	ホームレスの自立の支援等に関する特別措置法案	厚生労働委員長
2001年	151	ハンセン病療養所入所者等に対する補償金の支給等に関する法律案	厚生労働委員長
2000年	147	児童虐待の防止等に関する法律案	青少年問題に関する特別委員長

注：提案者が衆議院の委員長の場合は表記せず、参議院の場合、括弧内に表記した。

（5）野党提案の動向

　2011年に野党の議員立法が3本成立しているが、2011年は民主党政権下、衆参議院のねじれと相まって国会審議が膠着化した時期にあたり、いわゆるつな

ぎ法案と呼ばれる国民の生活混乱を回避するための法律の提案が、野党からなされた。

第177回国会で以下の野党提案の法律が制定された。

国民生活等の混乱を回避するための租税特別措置法等の一部を改正する法律案／国民生活等の混乱を回避するための地方税法の一部を改正する法律案／平成二十三年原子力事故による被害に係る緊急措置に関する法律案

（6）提出者別の動向から

　以上、議員立法の動向をみたが、次のように整理される。対象期間中、議員立法の数は増加しており、1990年以降にみられた活発化の傾向が続いていることが確認された。提出者別では超党派による公益的な法律の制定が期待されたが、超党派立法は必ずしも活発化したといえない。委員長提案によるものが引き続き多く、与党提案、野党提案の増減は政局に対応した一時的なものに留まるとみられる。野党提案の採択があったことは、連立やねじれに基づく政治的な混乱を表す。定性的には、社会的な弱者の要望や公益に基づくもの、当事者や支援者の働きかけが制定を後押しした法律の制定が継続してみられる。

2　市民立法の今後

　前節で議員立法の動向をみたが、ここでは実態を分析しつつ、今後、市民立法が定着するかどうかという点について検討したい。議員立法での提案可能性を中心とするが、一方の提案形式である閣法についても言及する。この作業は第2章以下の事例分析を行うための仮説構築の意味がある。

　まず、分析の前提となる2000年から2015年までの政治的機会構造として、次の点を確認しておく。第1に、政権構成は1993年に始まった連立を継続し、この常態化がみられるようになっていた。第2に、2007年7月の参議院議員選挙における民主党の圧勝で、自民党・公明党で過半数をもつ衆議院との間に決定的なねじれが生まれた。第3に、2009年8月の衆議院議員選挙を受けた民主党への政権交代（社民党・国民新党との連立）がある一方、2010年7月の参議院選

挙では民主党が敗北し、再び衆参議院のねじれが生まれた。第4に、民主党の政権運営が行き詰まった末、2012年12月の衆議院選挙で再び自民党・公明党への政権交代があった。

　連立政権の常態化、ねじれ、2度の政権交代という状況のなかで、国会審議は個別性が強くなった。野党の議員立法が成立するといった政治の混乱を窺わせる状況もあった。こうした条件の下では1つ1つの案件の丹念な検証が不可欠であるが、定量的な増加という変化の背後にある議員立法の質の変化について、次の事項を指摘したい。

　第1に、少数政党の主張が議員立法を通じて提案され、成立されやすくなっていることである。市民立法というべき立法形式がみられたとされた、自社さ政権時代の連立内での政策協議について、自民・社民・さきがけの間では3：2：1程度で決着するように進められていたとされる[4]。これは、自社さ時代に社民・さきがけの主張を取り入れたリベラルな政策実現の基盤となった。ここから演繹するに、本書の対象期間中、大衆政党の性質をもつ公明党が連立入りしたことで、市民立法の制定がしやすくなったのではないかという仮説が成り立つ[5]。自民党と公明党間の政策調整に関しては、マスコミなどを通じて伝えられる以上の検証はされていないが、少なくとも連立政権という体制下にあって、主軸政党が少数政党の主張を取り入れるのに、政党間の調整というより個々の議員の活動の成果であるという建前で動く議員立法のほうが受け入れやすい。連立を構成する政党以外でも、政治の駆け引きのなかで少数政党の主張に配慮した例として、先に挙げた大阪都構想関連の法律がある。

　これらのことから、議員立法の活発化という状況のなかで、強固な団体の基盤をもたない市民の要望でも少数政党を通じて実現される可能性が高くなっていることが考えられる。少数政党がキャスティングボードをもつ政治体制が続くかどうかについて論じることは、ここでの主題ではないが、衆参両院で現行の選挙制度の骨格が維持され、また、憲法改正の発議に向けた各議院における3分の2の議席数の維持が主軸政党の課題となる状況下では、少数政党が一定の影響力を維持する状況が続くことになるだろう。

　第2に、政権交代の可能性を視野に入れつつ、各党の政策形成力をアピールするために、議員立法が使われており、これを通じて市民の要望がくみ上げら

れる可能性がある。前節では議員立法の成立数をみて、その増加傾向を確認したが、法案の提出数自体も2000年代に入って増加している[6]。国会の審議活性化に係わる改革の成果等の影響を踏まえたものだと考えられるが、細かくみていくと、「法案の嵐」作戦といった名称が付されたように[7]、ねじれ国会の下、自党が優位な地位を占める議院において政治的なアピールを行うために議員立法が用いられた時期がある[8]。このとき、従来であれば審議に付される機会のなかったはずの政策表明型の議員立法が審議され、一方の院で可決された事例も生まれた。衆参議院のねじれや連立の合従連衡が続くなか、成立しないまでも政策立案能力をアピールして他党をけん制するのに、議員立法の提出は以前より大きな効果を生むようになっている。

　小選挙区制度導入の下で政権交代の可能性が現実のものとなるなか、議員立法を通じて自党の政策をアピールしたいという政党の欲求は減ることはない。国会戦略の上で新しい議題を発掘し、対抗政党に対策を迫るといった方法での活用も想定され、市民との対話のなかに政策のシーズを探す機会が増加することが考えられる。

　第3に、政治改革を通じた制度変化は個々の議員に政策立案能力の向上を迫るものとなっている。政治家と市民の距離が近くなっており、議員立法を通じて市民の要望が国会に持ち込まれる機会が増えている。茅野（2015）は、議員立法に関連した政治主導と官僚主導の議論において、政治主導の意味が「与党・政治家主導」から、「内閣主導」「首相主導」、さらには「議員主導」へと変化しているとした。縦割りの弊害や迅速さの不足といった内閣立法の限界を指摘したうえで、従来からいわれた利益誘導型とは別の、個々の議員の政策立案能力を高めたうえでの議員立法の必要性を指摘し[9]、国会の場における活発な議員間の議論と合意形成に向けた取り組みの実態についても言及していた[10]。先行研究のなかに市民立法を政治主導との関連で論じるものがあったが、今日、政治主導への転換は構造的なものである。

　政治改革の成果は、官邸の機能や首相のリーダーシップを高めるだけでなく、個々の政治家の能力の発揮を求める方向に動いている。小選挙区制度は政治家に濃密な地域活動を促すものとなっているが、このことは市民との対話を通じて問題を発掘する機会を増加させることでもある。さらには自らが政策形

成に関与し、政治家としての力量をアピールすることは、選挙戦略上も不可欠になっている。政治家との関係性のなかで、市民の要望が取り上げられ、直接請求に準じた機能が働く可能性は広がっている。

　最後に、議員立法に限定されない立法動向について言及すると、戦後半世紀を経て社会の仕組みが制度疲労を起こし、この転換が不可欠になっていることがあり、新たな法律制定の動きが活発になっている。法制度の再構築も喫緊の課題であり「立法爆発」といわれる状況が生まれている。法律制定件数を定量的にみると、終戦直後と2000年前後に増加した実態があり、2000年代に入って以降も高い水準で推移している。[11] 様々な社会問題の発生や生活水準の向上が構造的な圧力となり、具体的な制度として実現している実態がある。

　このような社会の転換期にあって、既存の秩序の枠組みに位置づけられてこなかったグループが、再構築の機会に乗じて、自らの要望を実現させる余地が生まれている。政治改革の動向と併せて、省庁の枠を超える国民的な政治課題の解決に政治家が取り組む条件が整えられており、政治課題を持ち込んで検討される可能性は広がっていると考えられる。[12]

　一方で、上の事項は最後に挙げたもの以外は政治改革の動向に係わるものである。序章で先行研究の著者が市民立法のカテゴリーを政治主導の立法と定義し直したことを指摘したように、現状では市民の要望は政治家との関係性のなかで実現されるものだと考えるのが妥当である。政治主導を進める改革が進み、市民の要望が実現されやすくなっていることがわかる一方、市民立法のキーワードとして直接性を挙げつつも、直接請求の制度がないなかで、これを前面に出すことの限界が同時に確認されるところである。

3　小　　括（次章に向けて）

　本章の目的は、市民立法は活発化しているのかどうか、さらにはそれが定着するのかどうか、立法動向全体のなかで検討することであった。

　立法の議論は提案形式からされることが多かったが、市民立法を論じるには、議員立法か閣法かという2項の関係に帰着すると考えるのではなく、立法過程における参加の実質や制定された法律の内容を検証する必要がある。

2000年から2015年の議員立法の動向からは、議員立法の活発化の傾向が確認される一方、超党派立法については活発化したとはいえず、委員長提案によるものが引き続き多いことがわかった。野党提案の採択がみられたことは、連立やねじれに基づく政治的な混乱状況を示している。定性的には社会的な弱者の要望や公益に基づくもの、当事者や支援者の働きかけが制定の後押しをした法律の制定は継続してみられる。

　市民立法が今後定着するかどうかについては、次の４点からある程度定着することを示した。第１に、少数政党の主張が議員立法を通じて提案され、成立しやすくなっている。第２に、政権交代の可能性を視野に入れつつ、各党が政策形成力をアピールするために議員立法が使われており、市民の要望がくみ上げられる可能性がある。第３に、政治改革を通じた制度変化が個々の議員に政策立案能力の向上を迫るものとなっていることも、同様の作用を機能させる。第４に、立法爆発という状況があり、既存の秩序の枠組みに位置づけられてこなかったグループが、再構築の機会に乗じて、自らの要望を実現させる余地が生まれている。

　一方で、直接性をキーワードとした市民立法であるが、現状では政治家との関係性のなかで実現される限界も確認した。

　以上、市民立法の今後について導出された諸点を、第２章以下で挙げる事例をみる際のリサーチクエスチョンとしたい。

　第１に、少数政党の主張が議員立法を通じて提案され、成立しやすくなっているのだろうか。

　第２に、政権交代の可能性を視野に入れつつ、各党の政策形成力をアピールするために議員立法が使われており、これを通じて市民の要望がくみ上げられる可能性は高まっているだろうか。

　第３に、政治改革を通じた制度変化が個々の議員に政策立案能力の向上を迫るものとなっていることも、同様の作用を機能させているのだろうか。

　第４に、立法爆発という状況の下で、既存の秩序の枠組みに位置づけられてこなかったグループが、再構築の機会に乗じて、自らの要望を実現させる余地が生まれているのだろうか。

最後に、直接性をキーワードとする市民立法であるが、政治家との関係性のなかで実現される限界はあるのだろうか。
　このように分析の視角を定めつつ、事例の検討に移りたい。次章以下で行う分析は個別事例における成功の要因を明らかにすることを主眼とし、本視角に基づく検討は終章で行う。個別事例を通じて、市民が法律を制定するために必要な因子が明らかとなろう。

1) 1890年から2009年までに議会に提出されたすべての法案の提出件数と成立件数を集計した古賀・桐原・奥村（2010）で、1990年代後半から議員立法活性化の実態が確認される。一方、議員立法の増加について閣法の提出件数との関係でみるべきだという指摘に対して、与野党伯仲期、連立政権第2期、衆参議院ねじれ期で提出件数の割合が高くなっているとし、成立件数の割合では衆参議院ねじれ第2期が比較的高いとする。
2) 震災に関連したものとしては、東日本大震災復興特別委員長提出の東京電力原子力事故により被災した子どもをはじめとする住民等の生活を守り支えるための被災者の生活支援等に関する施策の推進に関する法律案、環境委員長提案の原子力規制委員会設置法案の2本だけである。
3) 茅野（2016）55頁。
4) 御厨・牧原（2011）202頁。
5) 例えば、次章で検討する児童虐待防止法について、提出時の衆議院青少年問題特別委員会の委員長は公明党であった。
6) 古賀・桐原・奥村（2010）123-126頁。
7) 河野（2000）。
8) 橘（2008）。「ねじれ国会」は2007年8月から2008年6月までの状況を指す。
9) 茅野（2015）26頁。
10) 茅野（2015）55-56頁。
11) 榎並（2015）6-7頁。
12) なお、ねじれ国会期には、審議されないことが多かった議員立法に審議の機会が増え、アリーナ化されることが多くなるのではという推測が成り立ちそうだが、実際は成立する議員立法について「実質審議が全くなされないままに成立する割合が増加しているように見える」（橘（2008）85頁）とされている。お互いのメンツで表立った妥協がしづらく水面下での交渉になることが一因であるともされる。一方で、同じ論文のなかで閣法の修正率は高まったことが確認されており、与野党対立の下、野党に配慮した形での修正が進み、この点でのアリーナ化は進んでいることがわかる。ねじれ国会が審議を活性化させるのかどうかについては、引き続き観察が必要であろう。

第 2 章
児童虐待防止法の立法過程
▶唱道連携フレームワークからの分析

1　問題の設定

　児童虐待防止法は2000年5月、超党派の議員立法として成立した。児童虐待の定義を身体的虐待、性的虐待、ネグレクト、心理的虐待と規定するとともに、関係者の通告義務、国、地方自治体の責務を定めた。その後、2004年、2007年の改正で、通告義務を疑いのある場合に拡大することや児童の安全確認等のための立ち入り調査等の強化を行った。さらに本法の制定に合わせて関連法を改正し、親権停止制度の新設等を通じて児童の権利保護の充実が図られている。

　児童虐待防止法は対象が児童であり、当事者そのものは政治過程に参加できない。児童福祉を担当する厚生省（当時）も、人員体制が整わないなどの理由から、本法の制定には積極的ではなかった。立法を推進するアクターは福祉や医療の関係者、弁護士といった、児童の権利擁護に関心をもつグループであった。直接の当事者が政治的には参画しえない前提のなかで、何が本法を制定させる要因となったのかを明らかにすることを本章の目的とする。

　まず、本章の方法と意義を確認しておく。

（1）方　　法

　本章では唱道連携フレームワーク[1]を適用した事例分析を行う。第1に法律制定の経緯をみる、第2に本フレームワークに基づく分析を行う、第3にそこから立法を推進した因子を抽出し、第4に他の立法活動に示唆される事項を挙げる。

　唱道連携フレームワークについては、国内でもすでに多数の文献で紹介がある[2]。政策過程において政策が変化し、学習されていくプロセスを総合的かつ操作的に扱うものであり、長期的な政策変化を対象とする。この特性を、対抗的

な唱道連携グループ間の相互作用の重視、政策変化を説明する要因の分析、唱道連携グループの信念システムの解明という3つの主要要素を基礎とするフレームワークで分析する。政策変化は政府中枢ではなく、政策争点ごとに政策の実現に直接関与する政策サブ・システム内に起こるとし、政策変化の主体は制度ではなく、アドボカシー・グループにあるとする。複数の唱道連携グループの連携と協力の横の関係が政策変化の流れの中枢にあるとする。序章で言及したイシュー・ネットワーク論を継承するものである。

唱道連携フレームワークは単純なボトムアップ型の政策形成理論ではない。トップダウンアプローチとボトムアップアプローチそれぞれのモデルの問題を指摘しつつ、10年から数十年の中長期にわたる観察をすれば両者の視点が統合されていくという[3]。

児童虐待防止に係る法律として、戦後間もなく制定された児童福祉法があり、通告義務、立ち入り調査権等が規定されていたが、ほとんど活用されていなかった。児童虐待防止法は抽象的な規定の不備を補い、具体的な条項を定め、警察や裁判所の関与を規定するものである。従来、躾として家庭の問題とされていた事項を社会に開くという点で、家父長制の根幹にかかわる意識の変化を伴うものであり、政策変化に半世紀近い時間がかかっている。このため、長期にわたる政策変化を対象とする唱道連携フレームワークの適用は妥当である。

なお、本法に係る政策変化を遡って戦後間もなくとすることも可能であるが、本章での分析対象は政治過程に上った時期を中心とする。2000年の制定につながる活動が始まった1980年代後半を起点とし、その後、2004年の第1次改正、2007年の第2次改正と関連法の整備に至る期間を対象としたい。それぞれのステージにおける政策学習の内容とサブ・システム内の相互作用を分析する。この作業を通じて、何がアクター間の連携と協力を進める資源となったのかを明らかにする。

(2) 意　義

唱道連携フレームワークの公表から4半世紀が経ち、これを対象とする論考や検証のための事例研究が蓄積された。ポール・A・サバティア (Paul A Sabatier) 自身等による総括もあり、どのようにモデルが適用され検証され発展している

のか、さらに今後どのような課題が残されているのかについての整理がされている[4]。例えば、唱道連携フレームワークをさらに検証し発展させること、異なる政治体制のなかで比較研究すること、政策学習の内容を改定すること、連携資源の役割について検証すること、他のモデルとの関連づけなどがある[5]。何が政策変化を引き起こしているのかを説明していない、所与のプロセスの理解に寄与しうるものの[6]、ある政策領域におけるプロセスの方向性を予見する説明力に欠ける[7]などの問題はあるが、政策変化が政権中枢で起こるものではないこと、アクター間の駆け引きや妥協でなく、政策内容を軸とした関係変化に焦点をあてた点は、広く政治参加の可能性を探るという立場からは有効な含意を引き出しうる。

　唱道連携フレームワークを市民社会論の系譜のなかに位置づけ、その意義を積極的に捉えることも可能である。例えば、松下圭一のシビル・ミニマム論やユンケル・ハーバーマスを引きつつ、単一の権力による上からの支配ではなく、複数の政策関連機関の連携を変化の中軸とすることに注目するのがこの立場である[8]。

　本章は、唱道連携フレームワークの検証に資するものであり、多様な政策推進主体による政策変化の可能性を探るものである。シビル・ミニマム論で想定したボトムアップ型の市民自治の可能性を追求しつつも、より現実に即した戦略的な参加の可能性を明らかにする意義がある。

2　法律制定の経緯

　上記のような目的を果たすための分析を行う前に、児童虐待防止法がどのような経緯を経て制定・改正に至ったのか、2000年の制定まで（第1期）、2004年の第1次改正まで（第2期）、2007年の第2次改正および関連法の整備まで（第3期）の3つの区分に基づいて政策内容と併せて整理し、次節のモデルに基づく分析につなげたい（表2-1）。

（1）2000年の制定まで（第1期）

　先に述べたように本章では2000年の制定からそれ以降の改正に至る中期の過

程に注目するが、ここにつながる動きは1980年代後半にみられ始める。1987年2月に大阪で、医療・保健・福祉や教育に携わる現場の担当者が児童虐待に関する認識と理解を深めるための勉強会を設立した（Child Abuse研究会）。これが1990年に虐待防止を直接の目的とする初の民間団体（子どもの虐待防止協会）に発展した。この時期、各地で同様の動きが広がり、1996年4月には全国組織（日本子どもの虐待防止研究会）が設立される。医療・福祉の担当者だけでなく、親権喪失制度の活用に関し子どもの問題に係わることとなった弁護士や研究者ともつながることにより、関係者の間で法律の整備により問題解決を図る必要があるとの認識が共有されていく。

しかし、児童の問題についての直接の担当である厚生省は、1947年に制定された児童福祉法に、虐待の通告義務（25条）、立ち入り調査（29条）、一時保護（33条）、施設入所のための家庭裁判所への申し立て（28条）の規定があることを理由に、新たな対策を講ずることには消極的であった。1990年3月「児童相談所運営指針について」（通知）を発行、児童相談所を児童相談・援助の中核に位置づけることを明示にするに留まった。市民団体からの法律制定へ向けた動きが強まると、1997年6月「児童虐待等に関する児童福祉法の適切な運用について」（通知）を発行、現行法での対応が可能であるとの姿勢を強く打ち出し、その後も対応には消極的であった[10]。

同法は最終的に議員提出法案として国会に提出されたが、児童虐待が政治過程に上ったのは、1999年3月、衆議院に青少年問題に関する特別委員会（以下、青少年特）が設置されて以降であり、7月に児童虐待をテーマとした参考人質疑が行われたのが最初となる。前年7月の参議院議員選挙で自民党は過半数を割っており、1999年1月に自民党と自由党が連立していた。青少年特の設置が決まったのは、公明党を含めた自自公連立に向けた動きが加速化していた時期にあたる。ガイドライン法案の成立を企図する自民党と青少年の健全育成に熱心であった公明党との間で、委員会ポストをめぐる調整が進められた[11]。この後、2000年4月に小渕首相が脳梗塞で倒れ森内閣が成立したが、すぐに解散・総選挙となることが見込まれ、慌ただしく政局が動くなかで5月に児童虐待防止法は成立したのである。

児童虐待の定義を、身体的虐待、性的虐待、ネグレクト、心理的虐待と明確

化するとともに、住民の通告義務を定めたが、政局をにらみながらの法制化であり、内容については十分に詰め切れない部分が残った。

（2）2004年第1次改正まで（第2期）

　子どもの支援にあたっていた市民グループの間では、法律が制定された達成感と同時により実効性のある法律の必要性が改めて認識されるようになった。法律の附則には3年後の見直し規定がおかれていたため、これに期待がかけられた。こうしたなかで、2001年には各地で活動していた市民団体が連携し全国組織（児童虐待防止法の改正を求める全国ネットワーク）が設立された。以降、この組織が改正に向けた働きかけの中心となる。同ネットワークでは、法改正に向けた啓発と建設的な議論を目的として議員会館でシンポジウムを開催、また、一般向けの啓発活動として子どもの虐待死を悼む市民集会・パレード等を実施し、世論の関心を高めようとした。

　この後、衆議院で青少年特が廃止され、自民党の女性議員が中心となり参議院共生社会調査会で立法調査が進められた時期もあったが、衆議院で青少年特が再び設置されると、最終的に同委員会の委員長提案により2004年3月の改正に至るのである。

　この改正で実現したのは、虐待の当事者として同居人を含めたこと、虐待を受けたと思われる場合も通告義務の対象としたこと、相談対応や通告先として市町村の役割を明確にしたこと、関係者の連携を進める地域対策協議会の設置などである。しかし、関係者からの要望が強かった親権の一時停止や実効性をもたせる形での立ち入り調査は残された。

（3）2007年第2次改正および関連法の整備まで（第3期）

　民法には親権喪失制度が規定されていたが、その活用は重い判断を迫るものであり、一時停止制度の創設の必要性が認識されていた。また、緊迫した場面に直面することがある児童相談所の職員からは、強制的な立ち入り調査を可能とする制度が求められていた。しかし、親の懲戒権の保護、司法の適正手続きや住居不可侵の原則など、民法や憲法の体系に触れなければならず、ハードルが高いことが想定された。[12] 第2次改正時にも3年後の見直し規定が入れられて

表2-1　児童虐待防止法の制定まで

年　月	政　治	行　政	社会・一般
1973年4月			尊属殺法定刑違憲判決
1979年5月			全国養護施設協議会、養護施設児童の人権に関する調査
1983年6月			戸塚ヨットスクール事件
1985年6月			聖マリアンナ大学事件、輸血拒否
1987年2月			大阪でChild Abuse研究会
1989年3月	子どもの権利条約国連採択		
6月			全国児童相談所長会で児童虐待の数、半年間に1039件と発表
1990年3月		児童相談所運営指針について（厚生省・通知）	子どもの虐待防止協会設立（大阪）、4月ホットライン開設、一般家庭での事例認知 児童相談所への児童虐待の相談1101件 （この頃、弁護士による親権喪失の宣告申立対応目立つ）
1991年4月			子どもの虐待防止センター設立（東京）
1992年10月			名古屋市弁護士会「子どもの人権相談」に性虐待の相談が少女自身から入り、弁護士会と名古屋市児相が連携を開始
1993年9月			内田春菊『ファザーファッカー』発表
1994年4月	子どもの権利条約批准		
1995年3月			地下鉄サリン事件、オウム真理教の教団施設から子どもが保護される映像が知られる
10月			子どもの虐待防止ネットワーク・あいち設立（愛知）（CAPNA）

年月			
1996年4月			日本子どもの虐待防止研究会設立
1997年3月			日弁連、児童福祉法等改正法案要綱に関する会長声明
4月			社福・子どもの虐待防止センター設立
6月		児童虐待等に関する児童福祉法の適切な運用について（厚生省児童家庭局長434号通知）	
11月	チャイルドライン設立推進議員連盟設立（会長・小杉隆、元文部大臣、事務局長・保坂展人、衆議院議員）約130名の議員参加		
1998年3月		児童虐待に関し緊急に対応すべき事項について（厚生省・通知）	せたがやチャイルドライン試行
			特定非営利活動促進法成立
7月	自民党、参議院過半数割れ		
10月			CAPNA『見えなかった死─子どもの虐待データブック』発表
1999年1月	自自連立		
3月	衆議院に青少年特設置	子ども虐待対応の手引きについて（厚生省・通知）	児童虐待11631件
7月	同委員会で児童虐待をテーマとした参考人質疑		
10月	自自公連立		
11月		第1回児童虐待対策協議会　厚生省局長、青少年特で児童福祉法の改正必要認めず	新聞各紙で児童虐待の報道続く、主要紙でのキャンペーン
12月	青少年特で立法化を決議		
2000年1月			児童虐待問題学習会（弁護士、ジャーナリスト、児童養護施設職員等）で声明
2月	自民党内に児童虐待防止勉強会発足（森山真弓議員座長）		全国児童相談所長会、法制定の必要性発表（アンケート調査結果）

年月			
	3月	青少年特で参考人質疑		社福・子どもの虐待防止センターと日弁連による声明
	3月	青少年特で参考人質疑		子どもの虐待防止ネットワーク・あいち、NPO法人化
	4月	青少年特で参考人質疑 自公保連立 小渕首相が脳梗塞につき森内閣成立	青少年特で厚生省が立法容認の姿勢、法務省が親権の一時停止に向けた民法改正に難色	児童虐待17725件
	5月	児童虐待防止法成立（衆議院青少年特、委員長提案） ストーカー行為等の規制等に関する法律成立 小渕元首相急死		
	6月	衆議院解散		
	11月	児童虐待防止法法施行	最高裁判所事務総局家庭局、児童福祉法28条事件の状況の公表	
2001年	1月		省庁再編	
	4月	配偶者からの暴力の防止及び被害者の保護等に関する法律成立		
	6月			児童虐待防止法の改正を求める全国ネットワーク（改正ネット）設立
	11月	参議院共生社会調査会で参考人質疑		
2002年	2月			子どもの虐待死を悼みいのちを讃える市民集会・パレード（4000名参加、於日比谷）
	4月			子どもの虐待防止協会、NPO法人化（児童虐待防止協会）
2003年	7月		次世代育成支援対策推進法成立、子育て支援に子ども虐待防止を含む	改正ネット、議員会館でシンポジウム
	9月	児童虐待防止法改正検討チーム（チャイルドライン議連の一部）、中間とりまとめ		
	11月			岸和田男児虐待事件

第 2 章　児童虐待防止法の立法過程

			日本子どもの虐待防止研究会ら7団体が児童虐待防止法、児童福祉法の改正要望の声明
2004年1月		児童虐待防止に向けた学校における適切な対応について（文部科学省・通知）	
2月	衆議院予算委員会で児童虐待について質問、小泉総理答弁 青少年特で参考人質疑		
3月	改正児童虐待防止法成立（衆議院青少年特、委員長提案）		児童虐待防止法改正を求める緊急シンポジウム 児童虐待33408件
7月	参議院議員選挙		
9月			小山児童虐待事件
10月	改正法施行		
11月	児童福祉法改正（児童相談に関する体制の充実、市町村の役割強化等）		
2005年	チャイルドライン支援議員連盟設立（推進議連の名称変更）		
2月		児童相談所運営指針の改正について、市町村児童家庭相談援助指針について、要保護児童対策地域協議会設置運営指針について（厚生労働省・通知）	
9月	衆議院、郵政選挙、自公絶対安定多数		
11月	高齢者虐待の防止、高齢者の養護者に対する支援等に関する法律成立		
2006年6月		学校等における児童虐待防止に向けた取組の推進について（文部科学省・通知）	
10月			改正ネットが児童虐待防止全国ネットワークに名称変更、オレンジリボン運動開始（2007年NPO法人化）
11月	児童虐待防止法見直し勉強会（2007年4月まで13回開催）		

2007年1月		子ども虐待対応の手引きの改正について、児童相談所運営指針の改正について（厚生労働省・通知）、48時間ルール等	
5月	改正児童虐待防止法成立（衆議院青少年特、委員長提案）		
7月	参議院、民主党第一党、ねじれ国会		
2008年4月	同法施行		児童虐待42664件
12月		児童福祉法等の一部を改正する法律成立	代理ミュンヒハウゼン症候群を疑われる児童虐待事件（岐阜）
2009年8月	衆議院、民主党第一党、政権交代		
2011年1月		社会保障審議会児童部会 児童虐待防止のための親権の在り方に関する専門委員会報告書	
2月		児童虐待防止のための親権に係る制度の見直しに関する要綱（法制審議会答申）	
5月		民法改正（親権停止、後見人制度見直し）	
6月	障害者虐待の防止、障害者の養護者に対する支援等に関する法律（衆議院厚生労働委員長提案）		
2012年4月			児童虐待66701件
12月	衆議院、自民党第一党		
2013年7月	参議院、自公過半数、ねじれ国会解消		
12月			一般社団法人 日本子ども虐待防止学会（日本子どもの虐待防止研究会の名称変更）

いたため、これに期待をかける関係者は多くいた。

　政治の動きをみると、2005年9月には、郵政問題をめぐって衆議院が解散され、選挙の結果、自民・公明の両党で絶対安定多数を確保していた。改正に向けた動きは2006年11月から始まった児童虐待防止法見直し勉強会が中心となっ

た。この勉強会は衆議院青少年特を中心としたものであったが、委員長が民主党から出ていたこと、参議院の共生社会調査会でこの問題に対する関心を深めた議員がいたことなどから、超党派で参議院にも開かれた形で進められた。議員に限らずマスコミや市民団体にも開放されるなか、各省の担当者を交えつつ実務家レベルで議論を深め、翌年4月まで13回にわたり開催されている。

　唱導連携グループ間の対立は、立入調査に警察を同行させるかどうか、裁判所の令状が必要かどうか、保護した児童と親との関係の扱いなどにみられたが、勉強会の席などを通じて関係者間の調整が進み、2007年5月、青少年特の委員長提案により改正案が出され、成立に至った。

　改正によって児童の安全確認等のための立ち入り調査を、裁判所の許可状に基づいて実施することができるようになった。解錠等による強制的な立ち入りを想定しての規定である。ほかに、保護者の出頭呼び出し制度や接近禁止命令の創設等、児童の安全確認と保護を進めるための基盤が整備された。また、附則に親権の見直しに関する規定がおかれ、これが2011年5月の民法改正による停止制度の新設につながった。

　なお、同ネットワークは法律の改正に目処がつきつつあった2006年5月、児童虐待防止全国ネットワークに名称を変更、その後NPO法人化を図り、オレンジリボン運動を通じた啓発活動を行いながらアドボカシー活動を継続している。

3　唱道連携フレームワークに基づく分析

　前節では、最初の法制化から2度の改正に至る経緯を記述した。ここでは唱道連携フレームワークに基づいてこの一連の過程を分析する。一連の過程は私的自治に区分されていた子どもの育成を、社会の問題として取り組むという大きな政策変化を引き起こしたが、変化を引き起こした因子を枠組みに基づいて抽出する。

　以下では、唱道連携フレームワークの枠組みを確認した後、その作業を行う。分析にあたっては、3つの時期区分における政策学習の内容とサブ・システム内の相互作用に注目した。この作業を通じて、次節で何がアクター間の連携と

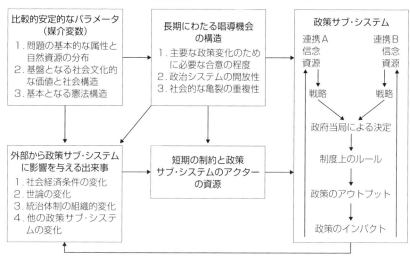

図2-1 唱道連携フレームワークのフロー図

出所：Sabatier（2014）p.194.

協力を進める資源となったのかを明らかにする。

（1）唱道連携フレームワークの枠組み

唱道連携フレームワークについては、本章の冒頭で述べたようにすでに様々な文献で紹介されているが、枠組みを確認すると次のようになる。[13]

枠組みの中心となるのは政策サブ・システムである。これは政策過程を理解するための基本的な分析の単位となる。図2-1に示す政策サブ・システムには、そこに属するアクターの信念と資源を表出する2つの対抗的な連携が描かれる。2つの連携は、制度上のルール、政策のアウトプット、最終的には政策の実施結果にまで作用する政府当局による決定に影響を与えようと多様な戦略を行使する。これらの決定は政策サブ・システムにフィードバックされるだけでなく、外部から政策サブ・システムに影響を与える出来事にも影響を与える。政策サブ・システムの問題を条件づける変数の1つの目のカテゴリーは、比較的安定的なパラメータを含んでいるが、それは政策サブ・システムを組み込む基本的な社会や文化、経済、自然、制度構造である。比較的安定的なパラ

メータのなかのいくつかのコンセプトは、政策サブ・システムの物質的条件のようなものが政策サブ・システムの内側にあるのに対して、これを規定する基本的な憲法構造としてまさに政策サブ・システムの問題の外側にあると概念づけられる。

2つ目の変数のカテゴリーは、政策サブ・システムを外部から規定する大胆な外的変化からなるもので、直接的な特徴を含み変化しやすい。例えば、社会経済条件、政策サブ・システムに関連する技術の状態、世論、統治体制の構成、他の政策サブ・システムからもたらされる変化である。図に示された比較的安定的なパラメータや大胆な外的変化は、説明しやすい例であり、これが全てではない。危機や天災といった動態的に外部に生じる出来事をそれぞれのカテゴリーにおくことができる。比較的安定的なパラメータと政策サブ・システムとの間には、主要な政策変化に必要な合意の程度を確立する長期にわたる唱導機会の構造の性質や政治システムの開放性、社会的な亀裂の重複性といった中間的なカテゴリーがあると考えられる。

長期にわたる連携機会の構造は、政策サブ・システムに係わる比較的安定的なパラメータから生じる重要な副産物のうちのいくつかである。外的な出来事と政策サブ・システムとの間には短期的な制約と政策サブ・システムのアクターの資源があるが、このことは政策サブ・システムの外側に変化が生じることで、連携を進めるための短期の機会が提供されることを意味する。

この枠組みは唱導連携、学習、政策変化から政策過程を説明するものであり、大きな軋轢がある条件下での政策サブ・システムレベルでの分析に有用である。[14)]

唱導連携は政策信念を共有し、重要な方法で政策サブ・システムに影響を与えようと統制して行動しようとするアクターによって特徴づけられる。

政策志向型学習は、核となる政策信念を実現しようとする要求に基づいて探索し適応し続ける過程である。持続されてきた考え方、あるいは経験から結論づけられたもので、個人や集団の信念システムから得られる教訓を達成しようとしたり、見直したりすることに関連する行動の意図として規定される。学習は問題に対する理解やそれにまつわる解決方法を含むだけでなく、目的を成し遂げるための政治的な戦略の行使を含み、連携システムのメンバーの信念シス

テムにおける変化を伴う。

　唱道連携フレームワークは政策の展開方向を示すことに焦点をあてているが、小さな政策変化と大きな政策変化との間に違いを認めている。コアにおける変化は政策サブ・システムの方向性あるいは目標のなかでの大きな変化であることが示唆されるが、2次的な側面での変化はささいな政策変化の証拠とされる。

（2）唱道連携フレームワークに基づく因子の抽出
　以上のような枠組みに基づいて事例の分析を行い、フレームワークに規定された因子を抽出する。

1）比較的安定的なパラメータ
① 問題の基本的性質

　児童虐待の問題の基本的性質とは、私的自治と公的領域の境界設定に係わるものである。子どもの躾は家庭内の問題であり、これに外部のものが係わることは、思想・信条・プライバシー等を尊重する立場から確立された私的自治の侵害にあたるという考え方がある。一方で戦後70年が経ち、現行憲法の規定する基本的人権尊重の考え方が浸透し人権意識が成熟するなかで、この保護の観点から、公的領域を広げ家庭空間に入り込むこともやむなしとする考え方がある。

　なお、前者の立場については、現行憲法で規定されるようになった新しい権利等の尊重というより、伝統的な家父長制度を維持すべきであるという考え方に則って、懲戒権の行使を自由にする私的自治を主張するものもある。

② 社会文化的価値と社会構造

　児童虐待をめぐる社会文化的価値とは、子どもの健やかな育成・成長を願う一般的な人道観といえよう。戦前にも児童虐待防止法（1933年制定。以下、（　）内は制定年）という名称の法律が制定され、戦後制定された現行の児童福祉法に統合された経緯があるが、この法律は昭和恐慌の後にみられた過酷な児童労働の防止を目的としていた。列強を追う中進国として今日よりも経済水準が低く、人権意識が未熟であった当時でもこうした法律が制定されていたことは、

子どもの健やかな育成・成長という人道観はきわめて受け入れやすい価値といえ、問題が明るみに出れば共感を得やすい基本的な構造をもつ。

③ 基本となる憲法構造

制定を目指して具体的な活動を行っていた期間中に基本となる憲法構造に変化はなかったが、上に挙げたような基本的人権に係わる日本国憲法の理念が浸透したことは、本法の制定機運を高めるものである。また、1994年に子どもの権利条約が批准されたことも、子どもの人権という新しい考え方を広める契機となった。子どもは一方的な庇護の対象ではなく、生きる権利、守られる権利、育つ権利、参加する権利をもつ主体であるという考え方は、問題の基本的性質に触れる人権概念を拡張する効果をもたらした。

2) 外部から政策サブ・システムに影響を与える出来事

① 社会経済状態の変化

今日児童虐待とされる行為は、有史以来行われていたとみることもできるが、高学歴化や経済水準の向上といった社会経済状態の変化が人権意識を高め、これを問題とする土壌ができてきた。本研究の対象となる期間の近時をとっても、1973年に尊属殺法定刑違憲判決が出て、現行憲法下での初の司法による違憲立法審査権の行使として大きく報じられたが、判決のきっかけになった事件が実子への性的虐待に起因するものであったことはまったく報じられなかった。こうした問題がタブー視されていたことの証左である。しかし、1993年には父親からの性的虐待を告白する漫画家の書いた小説作品が発表され、この事実が社会に衝撃を与えたように、1990年代には一般に受け入れられる土壌ができていた。

② 世論の変化

女性の社会進出や核家族化が進み、家父長制度を基盤とした家族のあり方が変化している。離婚の増加で単身の親あるいは義理の親等に育てられる子どもが増加したことは、伝統的な家族像の変化を促している。さらに、上に挙げたような虐待の事実が浸透すると、子どもを親の元においておくことが必ずしもその福祉につながらないという意識が醸成され、行政が介入する子どもの保護について理解が進むようになる。

特に法律が制定された2000年以降は、虐待死、餓死、置き去りなどの報道が相次ぎ、本法を改正し、より適切な保護につなげるための圧力となった。
③ 統治体制の組織的変化

　この問題が政治過程に乗った直接の契機は青少年特の設置であるが、これには公明党の与党化が深く関係している。自民党単独から自自連立、自自公連立政権の成立は統治連携体制の組織的変化にあたるといえよう。自民党単独での国会運営が難しくなり、少数政党や野党の政策に配慮せざるをえない状況が生じていた。家父長制度の維持という観点からこの問題に消極的なことが想定される保守単独から、少数政党を含む連立政権となったことが法制化の直接の契機となっている。人道的な観点から自民党議員でこの問題に係わる者もあったが[15]、政治的な優先度は高いものではなかった。第１期における成立時の青少年特の委員長は公明党から出ており、第２期、第３期における国会提出時の委員長は民主党議員であった。
④ 他の政策サブ・システムの変化

　児童虐待防止法の制定に向けて動いていた時期には、本法と同様、私的自治と公的領域に係る境界の変更を問題の基本的性質とする動きがあった。ストーカー行為等の規制等に関する法律（2000年）、配偶者等への暴力の防止に関する法律（2001年）、高齢者虐待の防止、高齢者の養護者に対する支援等に関する法律（2005年）である[16]。本事例に関して政策ブローカーとして動いた議員のなかには、これらの法律の制定にも係わっていた者がいる。また特に地方都市では、弁護士や医療専門職の人材の層に限りがあるため、こうした案件をいくつか併行して扱うようになった者がおり、情報の交換、共有が自然な形で進んでいた。問題の基本的性質は本来変化しにくいものだが、複数の領域で同時に変化を促す動きがあったことが、この変化を進める圧力となった。

３）政策サブ・システム

　第１期から第３期までを一連の政策過程として捉えつつ、政策サブ・システム内のアクターを挙げると次の通りである。
① 唱道連携グループ

　唱道連携グループは、大きく次の４つである。

- 市民グループ（福祉・医療、法職関係者）
- 官僚グループA（厚生労働省）
- 官僚グループB（警察）
- 官僚グループC（法務省・裁判所）

　これらがもつ信念の構成要素としては、市民グループは児童の健全な育成・成長を深層核とする。1980年代は職域ごとに個別の動きをみせていた市民グループであったが、1990年代に入ると連携の動きをみせている。一連の過程で市民グループの政策信念に揺るぎはなく、方向性を異にして分裂・対立することはなかった。

　官僚グループ内の立場は分かれるが、官僚グループA（厚生労働省）と官僚グループB（警察）は近接核に基づき連携するグループである。厚生労働省にとって、児童虐待防止法の関連法となる児童福祉法の改正にはほとんどすべての省庁が係わるため、直接にはこの調整に対する負担がある。さらに虐待の認知件数の増加に伴う対応のための予算の不足、専門的人材の確保、人事の停滞等が想定される。警察は、民事不介入の方針変更、立ち入り調査の実施等に伴う負担がある。

　官僚グループC（法務省・裁判所）は深層核があり、民法体系や伝統的家族観の保持が想定される。裁判所には近接核もあり、令状の発行など業務量の増加に伴う負担がある。

② 政策ブローカー

　唱道連携フレームワークの過去のバージョンでは、政策当局に決定を促すアクターとして、唱導連携グループと並立させて政策ブローカーをおいていた。[17]
2014年版は、政策ブローカーも唱導連携グループの1つとしてモデルの抽象性を高める改定であると考えられるが、ここでは、政策ブローカーとして政治家とマスコミ関係者の動きを取り上げる。

【政治家】

　この問題に係ったのは与野党にわたる超党派かつ複数の政治家であり、特定の政治家が一連の過程を主導したわけではない。制定までの期間が長く、この間に数回の選挙があり、議員の交代は頻繁であった。政治家は唱道連携グループを構成したというより比較的中立であり、終始、市民グループおよび官僚グ

ループ間の調整に腐心する政策ブローカーの位置をとったが、世論に近い指向性をもつ市民グループと親和的であった。関連する省庁が多く官僚が手がけにくい問題であり、政治家による調整が期待された。

　係わった議員が多いので、この属性を明らかにするのは難しいが、自民党では文教系の議員が目につく。公明党は議員の交代はあったが、終始この問題に積極的だった。初代の青少年特の委員長は公明党と会派を組んだ改革クラブから出ている。先に述べたように他の家庭内暴力に係わる議員と重複がみられ、個人の属性としては人権意識の高さや議員立法への取り組みへの関心の強さがあるようだ。第1期において政治過程にこの問題を持ち込み、政治課題として設定するのには、青少年特に集まった政治家の力が大きかった[18]。

【マスコミ】

　マスコミもこの問題に係わる政策ブローカーであり、人道的な見地から解決の必要性を好意的に取り上げた。第1期、第2期を通じて政策アウトプットが公表されると、社会的条件の1つである世論の関心が高まり、報道頻度、内容ともそれに応える形で、充実したものとなった。特に第3期に国会議員が行った見直し勉強会はマスコミにも開かれたものだったので、一次情報に触れつつ、親権停止や立ち入り調査の必要性に関する政策指向型学習を進展させた。マスコミは改正の論点を広く世間に伝え、改正の後押しをした。

４）政策志向型学習の成果

　1980年代に職域でつくられた勉強会が基になり、職域を越えて交流するなかで唱道連携グループが形成されるが、政策サブ・システム内に位置づけられ、他のグループとの連携・協力を進めた資源として、市民グループが独自に行い公刊した調査がある[19]。

　これまで児童養護施設や児童相談所が個別に行っていた調査はあったが、虐待を疑われる児童の人数程度のものだった。市民グループが行ったのは、虐待死を扱う初めての全国調査で、実態を定量的に明らかにし、死因別・地域別・年齢別などの分析を加えた。虐待は全国規模で起こっていることであり、死に至ることも決して珍しいことではないという事実はマスコミの注目を集め、20紙以上の新聞に取り上げられた。想定を超える実態が世間に衝撃を与え、社会

経済状態を変化させるきっかけとなった。この調査が国会議員の目にとまり、団体の代表が委員会の参考人として招聘され発言の機会を得て、議員や官僚の間でもこの問題への対応の必要性について学習が進むことになる。

また、委員会の参考人として、市民グループから児童相談所、児童養護施設の関係者、法律家等が招聘され、それぞれの立場から発言の機会を与えられた。こうして人的な交流が進むようになると、実態が官僚グループや政治家に理解され、政策学習が進展する。例えば、児童福祉法に通報や保護に関する規定がすでにあり、この活用で対応が可能であると考えていた厚生労働省の担当者と、抽象的規定に留まり使えないと考える現場の実感との乖離は当初大きかったが、現場の担当者から現行法の不備を指摘された点は、官僚グループA（厚生労働省）の理解の改善につながることとなる。[20]

こうして法律の制定、2度の改正という政府当局による決定と制度上のルールの改定が行われるが、これが本フレームワークに基づく現段階での政策アウトプットである。各段階で政策アウトプットが出たことによりさらなる政策指向型学習が進展し、政策インパクトにつながる。この連鎖については次の項でみていく。

5）政策アウトプット――政策インパクト

政策アウトプットが出ることで、市民グループにとっては、政策の充実に向けた次の目標が明確になり、これを成果とした政策指向型学習が進展していった。また、法律の制定という第1期の政策アウトプットをもって、官僚グループA（厚生労働省）の立ち位置は変化し、市民グループの政策信念を共有する方向に動いていく。例えば、関連の部署を立ち上げ、虐待防止への取り組み姿勢を強化した。官僚グループB（警察）、官僚グループC（裁判所・法務省）も、第1期、第2期のアウトプットを受けつつ、政策指向型学習を進展させていき、市民グループの政策信念を受け入れるようになる。

第1期における主な政策アウトプットは、児童虐待の定義の明確化と通告義務の規定である。児童虐待を身体的虐待、性的虐待、ネグレクト、心理的虐待と規定するほか、関係者を特定し通告義務を課した。国、地方自治体の責務が抽象的なことなどの問題を残したが、通告を義務としたことで件数が大きく増

加することとなり、外部から政策サブ・システムに影響を与える出来事のうち、社会的条件となる世論の関心をさらに集めることとなった。

　第2期における主なものは、虐待の定義に同居人による虐待の放置等を含めたこと、通告対象として虐待を受けたと思われる場合を含め、虐待の範囲を拡大したことである。このほか、立ち入り調査の実施を規定したことも、児童の安全確保を図るために前進と捉えられた。警察署長に対する援助要請の規定も盛り込まれたが、具体性に欠けるため現場で実行するにはなお手続き上の問題を残すと認識された。

　一方で次につながる事項として、附則に親権停止を盛り込んだことは市民グループに政策目標を明確にさせるという効果をもたらした。官僚グループB（警察）にとっては立ち入り調査を、官僚グループC（法務省・裁判所）にとっては親権停止を法文に盛り込んだことがその必要性についての学習となり、改正を受け入れる下地になっていく。

　第3期では、裁判官の許可状に基づく臨検・捜索制度を創設し、児童の安全確認等のための立ち入り調査を進める手続きを具体化した。さらに、児童へのつきまといや住所等でのはいかいを禁止する接見禁止命令を創設し、児童の安全確保策を充実させた。また、市民グループからの要望が強かった親権停止を再度附則に盛り込んだ。2度の国会からの要請に、深層核を有していた官僚グループC（法務省・裁判所）も受け入れざるをえなくなる。

　これを受けて2011年5月、関連法である民法が改正され親権の停止制度が新設される。これまでの喪失制度が重い判断を迫るのと比較すれば、再統合の可能性を視野に入れつつ、子どもの保護のための選択肢を拡大する道を開いた。併せて同法および児童福祉法の改正によって、児童の後見人として法人や複数人があたること、児童相談所長による親権代行を可能にし、児童の保護体制の整備が行われた。

　法制化から2度の改正にわたる段階を踏んで、制度整備についてはかなりの程度市民グループの提言が生かされる形となった。今後については、外部から発見がしにくいネグレクトへの対応、性的虐待の発見と対応、世代間連鎖の予防、自治体の対応力の格差解消などが課題として残されているが、市民グループでは一般への啓蒙普及を行いつつ、政策実施の効果をみながら改正の提言を

行っている。

4　立法を推進した因子の抽出

　前節で立法過程を唱道連携フレームワークに基づいて分析したが、これまでの記述を基にアクター間の連携と協力を進める資源となったものを確認しながら、立法を推進した因子を抽出していきたい。信念システムの構成要素である、イデオロギー（ideology）、利害（interest）、情報（information）の3つを分析の観点に加えつつ作業を行う。[21]

　第1に、サブ・システム内の唱道連携グループを形成する信念システムから考えていく。唱道連携グループの形成についてであるが、当初、ばらばらに動いていた複数の市民団体の連携を進めたのは、それぞれの抱える問題を解決する政策手段に関する情報の共有とともに、基本的には深層核の一致であり、子どもの健全な育成・成長というイデオロギーである。本事例を貫いていたのはこの大義であり、このためには私的領域と公的領域の境界を変更させる必要があるという信念システムが形成されている。

　市民グループの独自調査の結果はマスコミに注目され、これを媒介とした世論の喚起につながった。このことが、外部から政策サブ・システムに影響を与える出来事の変化となり政策変化を進めるのだが、市民グループのもつイデオロギーは基本的に情緒の部分に訴えるものであり、世論の関心を引き共感を得やすい。さらに、官僚グループA（厚生労働省）も表層核では反対するものの、深層核としてはこの信念に共鳴する土壌をもっていた。

　なお、市民グループの対抗グループとして仮想されるのは、子どもを奪われる親である。しかし、わが国ではこれが唱道連携を進めることはなく、顕在化しなかった。[22] 子どもを虐待する事情は各人の深層に触れる部分が大きい。このことが対抗グループの利益を1つにすることや情報共有を妨げ、もう一方のイデオロギーを形成しえなかった。

　本事例で対抗的な唱道連携グループとなった3つの官僚グループは、多寡の差はあるが直接的な負担増の回避という利害に基づいた近接核を有していた。しかし、いずれも利益団体を媒介とするのと比較すれば大きな利害ではなかっ

たので、外部から政策サブ・システムに影響を与える出来事の変化やほかの政策サブ・システムにおける家庭への介入を認める方向での政策指向型学習の状況が情報として伝わると、自身のイデオロギーを変化させる形で受け入れていくことになる。

　第2に、外部から政策サブ・システムに影響を与える出来事から考えていく。政策変化を促す資金や動員力をもたない本事例では、マスコミによるアリーナ化と世論の変化は有効であった。これを媒介する資源として独自に実施した調査があり、政策変化を促す重要な情報となった。

　この問題を政治過程に乗せるきっかけとなった連立政権の成立という統治体制の組織的変化は、一義的には市民グループの連携と協力によってなされたものではないが、本事例では必要条件となっていた。またアジェンダ化以降、唱導連携グループの1つである市民グループの構成に基本的な変化がない一方、政策サブ・システム内での議員の交代が頻繁であったことが明らかになった。このことは、長期間にわたり政策指向型学習を主導した市民グループの相対的な重要性として示唆される。政策変化が政権中枢ではなく政策サブ・システム内で起こったことが確認され、本フレームワークを適用した分析の1つの成果であると考えられる。

　本事例による政策の変化は、イデオロギーや社会経済状態の変化に促されている点も明らかとなったが、この点は長期にわたる観察がもたらしており、同様に本フレームワーク適用の成果であろう。

5　他の立法に示唆される事項

　前節において、一連の立法過程から立法を進めた因子として、統治体制の組織的変化、世論からの支持といった外部から政策サブ・システムに影響を与える出来事の変化が抽出された。世論からの支持は市民グループによる独自情報の提供によって高まり、これが政策サブ・システム内の政策指向型学習を進め、他の唱導連携グループのイデオロギーの変化を促した。本法が制定されたのは、市民グループの信念システムがイデオロギーを軸に形成されたもので、そのことが一般の共感を得やすいものであったことが大きい。

本事例では外部から政策サブ・システムに影響を与える出来事の変化が政策変化を促しているところが大きいことがわかったが、これを支えているのは市民グループが独自に収集した現場の実態に係わる情報であり、唱道連携グループの連携と協力を進めた固有の資源と考えられる。政策変化が政権中枢ではなく政策サブ・システム内で起こったこと、このことが長期にわたる期間の観察のなかで確認されたことは、唱道連携フレームワークの帰納的な検証に資するものと考えられる。同時に政権中枢にパイプをもたない者が政策を実現することの可能性が示された。

　本章の冒頭で挙げたように、唱道連携フレームワークは分析モデルであり、そこから含意を引き出すものではないという限界が指摘されるが、こうした問題点を踏まえ枠組みを発展させようとする論考が蓄積されている。ここでは、これらを踏まえながら、アクターの連携と協力を進める資源に注目して、他の立法に示唆される事項を検討したい。

　唱道連携フレームワークの課題として、何が政策サブ・システム内の連携と協力を進める資源なのか、この資源に階層があることを明らかにする必要があることが指摘されている。

　例えば、法的に担保された権力をもつことの重要性は否定できないし、決定的な役割を果たすことがある。[23] 本事例をみても、この問題をアジェンダとして設定した議員の存在やアジェンダ化を促す政治的機会構造の変化が前提としてある。世論の動向に敏感な政治家が終始市民グループに協調的であったことは、法制化を進めるのに必要な条件であっただろう。[24] しかし一方で、本事例が明らかにするのは政策サブ・システム内で変化が起こったことであり、これを進めた市民グループに一定の役割があったという点である。

　法的に担保された権力以外に政策に変化をもたらすものとして、世論、情報、動員、資金、熟達したリーダーシップがあるというところから考えたい。[25] これらはイメージしやすいが、どの資源が機能しているのかという点は証明が難しいとされる。こうしたなかでも政策変化を促す資源について探求しようという試みはあり、例えば、深い知識を蓄積すること、ネットワークを構築すること、長い時間係わり続けることが挙げられている。[26] これらはいずれも本事例において観察された要素である。

本事例では、独自調査によって明るみにされた事実が市民グループの信念システムを確固たるものにした。この知識は現場知というべき固有の資源である。現場知を分析し問題を政策の文脈のなかに位置づけることも知識にあたるとされるが[27]、これには法律系の専門職が一定の役割を果たした。また、他の政策サブ・システムの動きを知ることによって現場で発生する問題の社会的意義を理解することになった。

　さらに、ネットワークを構築することで、職域の異なる参加者それぞれの情報が複合的に捉えられ、問題の社会的な位置づけを学習することができた。ネットワークの存在が注目され、政治的な参加の機会を増加させた。市民グループは、長期にわたりこの問題に係わっているものが多かったという事実も確認される。この期間に市民グループが政策に関する知識を深めたのはもちろん、時間の経過のなかで世論の変化を喚起し、政策決定者にこの問題に対する理解を深めてもらい、政策の議論の場に対抗するグループをのぼらせた。

　ほかの論考では、世論、支持者の動員の必要性から始め、これを喚起するための政策の言説（policy narrative）や政策起業家の役割があるとされる[28]。本事例では特定の政策起業家を確認できなかったが、政策の言説に近いものとして、子どもの健やかな育成・成長がある。それゆえ私的領域と公的領域の境界を変更させることが必要というイデオロギーが生まれたが、これと同レベルの一般に共鳴しやすい政策の言説を掲げることができれば、世論の支持を喚起しうるかもしれない。

6　小　　括

　市民が法律をつくるのに必要な因子を明らかにするために、児童虐待防止法を対象に唱道連携フレームワークを適用した事例分析を行った。対象は2000年の制定につながる活動が始まった1980年代後半を起点とし、その後、2004年の第1次改正、2007年の第2次改正と関連法の整備に至る期間とした。この一連の過程は、私的自治に区分されていた子どもの育成を社会の問題として解決する大きな政策変化を引き起こした。分析にあたっては、3つの時期区分における政策指向型学習の内容と政策サブ・システム内の相互作用に注目した。

この結果、一連の立法過程から立法を進めた因子として、統治体制の組織的変化、世論の変化といった外部から政策サブ・システムに影響を与える出来事の変化を抽出した。世論からの支持は市民グループによる独自情報の提供によって高まり、これが政策サブ・システム内の長期にわたる政策指向型学習を進め、他の唱道連携グループのイデオロギーの変化を促した。本事例では、外部から政策サブ・システムに影響を与える出来事の変化が政策変化を促しているところが大きいことがわかったが、これを支えているのは現場知というべき市民グループ独自の知識であり、唱道連携グループの連携と協力を進めた固有の資源と考えられる。政策変化が政権中枢ではなく政策サブ・システム内で起こったこと、このことが長期にわたる期間の観察のなかで確認され、本事例の分析を通じて唱道連携フレームワークの帰納的な検証に貢献した。

　さらに、他の立法に示唆される事項について、アクターの連携と協力を進める資源に注目して検討した結果、深い知識を蓄積すること、ネットワークを構築すること、長い時間係わり続けることや、世論を喚起するための政策の言説といった事項を提示した。

1）　Sabatier（1988, 2007, 2008, 2014）等。
2）　加納（2013）、西尾（2012）、安（2006）、宮川（2002）、初谷（2001）等。
3）　Sabatier（2008）p. 22.
4）　Sabatier（2007, 2014）, Weible（2011）.
5）　Weible（2011）pp. 354-358.
6）　Nohrstedt（2011）p. 462.
7）　Zahariadis（1998）p. 444. 加納（2013）244頁。
8）　岩浅（2008）。
9）　後に述べるように、子どもへの性的虐待のような事案は、当時社会的にはタブー視されていた。しかし、子どもに接する現場では知られたものであり、対応に苦慮する状況があった。1980年代後半の勉強会は担当者相互の情報交換の必要から始まり、職域を越えた担当者相互の連携へと拡大していった。
10）　厚生省、法務省が法制化に消極的であった状況は、石田（2005）第2章に詳しい。
11）　石田（2005）25-27頁。青少年特の初代委員長となり、児童虐待をテーマとして取り上げるのに大きな役割を果たした石田は、委員会が設置された経緯を「瓢箪から駒」と表現している。石田は公明党と会派を組んでいた改革クラブに所属。
12）　改正ネットワークの代表であり、法律の専門家として国会の委員会に参考人として出席したこともある吉田恒雄氏は、児童虐待への対応は「（親権停止に係わる）民法の改正が本丸だった」という。

13) Sabatier（2014）. 唱道連携フレームワークについては、サバティア自身あるいは本人が加わる形でしばしばモデルの改定があるが、2014年版を基にしつつほかの版についても適宜参照した。枠組みについては、pp. 193-194。.
14) Sabatier（2014）pp. 195-204.
15) 馳（2008）は 2 度目の改正に係わる記録である。
16) 関係者の間にはこの時期に制定された家庭内暴力に係る法律を指して、「暴力三法」と呼ぶ者がある。2011年には障害者虐待の防止、障害者の養護者に対する支援等に関する法律も制定された。
17) Sabatier（1988, 2007, 2008）.
18) 先の吉田氏は、制定に関しては民間団体の働きかけによるというより、政治主導で進んだという認識をもっている。成立に目処が立ちそうな時期に政治家に要望をあげたところ、「内容が煮詰まっているときにもう遅い」と言われ、改正を目途に要望を反映させる必要性を感じ、関係団体の連携を図る改正ネットワークを立ち上げたという。
19) 子どもの虐待防止ネットワークあいち（1998）。
20) 厚生労働省の官僚を経て参議院議員になった公明党の山本保氏は、議員として改正作業に積極的に係わったが、官僚時代に議員立法の話を聞いたとき、「なぜ児童福祉法に規定があるのにできないのかと率直に思った」と当時のことを語る。現場の実感との乖離を示す証言である。
21) Sabatier（1988）pp. 142-145.
22) 米国では、親同士の連携の動きがある。
23) Sabatier（2007）p. 203. Nohrstedt（2011）p. 473.
24) Ingold（2011）は、政策の実現を資源の再分配に係る関係性のなかに求め、このための政策ブローカーの役割に注目している。
25) Sabatier（2007）pp. 201-204.
26) Weible（2011）pp. 9-15.
27) Weible（2011）p. 11.
28) 9.11事件をきっかけに言われるようになった、テロとの戦いのために軍隊のもつ資源の活用が必要だというような論点の設定の仕方。Nohrstedt（2011）pp. 474-478.

第3章
性同一性障害者特例法の立法過程
▶政策起業家の輩出条件から

1　目的、方法

　本章では性同一性障害者特例法の制定過程を取り上げ、検討を行う。性同一性障害者は対象が少数者であるだけでなく、性別を隠して社会生活を送ることがあり、政治活動に取り組むものが限られる。資源のない市民団体が政策を実現しようとする場合、マスコミの報道を喚起し、世論の盛り上がりを受けて政策を実現する場合があるものの[1]、本法については、障害が一般的にはあまり理解されず、際物のような偏見をもたれている状況があり、これを期待することが難しい。さらに、性別の変更という問題が、家父長制度の安定的継続や同性婚の不寛容といった保守政党の政策指向と相いれない要素をもっており、政策の実現が難しいことが想定される。こうした困難があるなかで、なぜ、本法は成立したのであろうか。

　政策形成の理論を概括すると、アクターの合理的な行動の判断の結果政策が決定されるという合理的行為者モデル、官僚の役割を重視し官僚組織の調整のなかで政策が決定される官僚政治モデル、利益団体による相互調整の作用に注目した利益団体モデル、政治家・官僚・利益団体をはじめ多様なアクターの関係性のなかで政策が決定される多元主義モデルなどがある。

　本法は閣法ではなく議員立法で提出されており、自民党内の党内手続きと官僚との関係をベースにした段階的なアプローチは想定しづらく、官僚政治モデルの採用は適当ではない。利益団体を組織し経済的な利益を追求したアクターはおらず、利益団体モデルの適用にも無理がある。政治家や官僚、マスコミ等多様なアクターの登場はあったが、利害の異なる複数のグループが政策を競う場面はほとんどみられなかったため[2]、多元主義モデルの採用も適当ではない。困難が予測されるなかでこの政策が実現したのは、属人的な要素や偶発的な要

素があったのではないかと筆者は考えた。このため、政策起業家（policy entrepreneur）の役割により偶発的な要素を説明する政策の窓モデルを採用して分析にあたりたい。[3]

　政策の窓モデルの内容を紹介し、その意義や問題、限界について言及する文献は多く[4]、日本の立法過程に適用し、その理論の有効性を検証するものもある[5]。政策の窓モデルは特定の政策課題がなぜ設定され、政策案が策定されるのかを明らかにしようとする。漸進的な変化ではなく、大きな変化を説明しようとするものである。問題の流れ、政策の流れ、政治の流れの3つを想定し、3つの流れが合流することを政策の窓が開くとした。政治的イベントや重大事件などによって流れが合流するが、合流のために尽力し可能性を高めるアクターとして政策起業家をおいた。政策起業家の役割は、問題に対する関心を高めること、自らの得意な政策を推し進めること、窓の開放を利用して流れを合流させることとした。

　政策の窓モデルはこれの元になったゴミ缶モデル[6]を継承しつつも偶然の要素を排し、政策決定のプロセスをより合理的に捉えようとしたものである[7]。しかし、曖昧さのなかで何故政策がつくられるのかを説明するものの、政治家が曖昧さを追求する理由を説明しない[8]。このモデルの限界は、どのような条件が整えば政策の窓が開くのかについて十分な論究がされていない点にあり、政治的なコネクションや交渉能力を基に窓を開く政策起業家の役割を過大評価することになりかねない。

　例えば、勝田（2013）では、立法過程における市民の役割と影響力を事例を通じて分析し、当事者である政治家との選好の一致、政治家・官僚という2つの類別の政策エリートへの接触と受容が法律制定の要因になっていることを明らかにした。さらに勝田（2012）では、市民団体のアドボカシーによって成立したとされる法律の分析を通じて、この問題に積極的に取り組んだ国会議員の存在を抽出し、これを政策起業家として位置づけた。

　これら2つの事例から明らかになったのは、市民が望む政策を政治過程に乗せ立法を実現することの難しさや限界であり、困難とも思われる立法を推し進めた政治家の役割の重要性であった。政策起業家の概念は記述的な説明のために有効である。しかし、政治家が政策起業家となり市民の立法に協力すること

を偶然性に期待するだけでは、政策形成への有効な含意を引き出せない。このため、ここでは特に政策起業家の輩出条件を明らかにすることを目的とする。

　以下では、法律制定の経緯を記述した後、立法過程を分析したうえで、法制化の要因を明らかにしたい。

2　法律制定の経緯

　性同一性障害は、生物学的な性（sex）と性の自己認識（gender）が一致しない状態を指す。WHOが定めた国際疾病分類にも記載され、医学的疾患として治療の対象となっており、性別適合手術も実施されている。性同一性障害を理由とする名前の変更も家庭裁判所から許可されていた。しかし、戸籍の続柄に係る性別記載については、戸籍の訂正手続きによる変更の申請のほとんどが不許可になっていた。このため性同一性障害者は社会生活上様々な困難を抱えることとなり、戸籍の変更を可能にする法律の制定が望まれていた。司法的解決の道が閉ざされるなか、政治的解決が期待されていたのである。

　歴史を遡ると日本では1969年2月に、性別に違和感のある人に対して睾丸摘除手術等を行った産婦人科医に対して刑事責任が追及され、有罪判決が下されたことがある。ブルーボーイ事件として知られ、以降、医学界において性転換手術がタブー視されることとなった。こうした状況を変えるきっかけとなったのは、1996年7月、埼玉医科大学倫理委員会が「『性転換治療の臨床的研究』に関する審議経過と答申」を公表し、診断基準の明確化、ガイドラインの策定、診断・治療等のための体制の整備など環境整備の必要性を指摘したことである。これを契機として1997年5月には、日本精神神経学会の性同一性障害に関する特別委員会が「性同一性障害に関する答申と提言」を発表し、診断と治療のガイドラインをとりまとめた。性同一性障害が医療の問題であるという認識が医療関係者の間で広まっていった。

　その一方で、市民の動きとしては、1994年に雑誌『FTM日本』が創刊され、当事者の間で情報共有が進められていたが、埼玉医科大学による答申の公表をきっかけに、当事者と支援者のグループ「TSとTGを支える人々の会」が発足する。2001年には、埼玉医科大学での手術を受けた4人を含む6人の当事者

表3-1　性同一性障害者性別取扱特例法の制定まで

年　月	政　治	自民党	社会・一般
1969年2月			ブルーボーイ事件判決
1994年			雑誌『FTM日本』創刊
1996年7月			埼玉医科大学で性別適合手術、倫理委員会への申請
1997年5月			日本精神神経学会、治療ガイドライン発表、併せて法的問題の解決の必要性に言及
1996年			TSとTGを支える人々の会発足
1998年9月	参議院法務委員会で石渡清元議員が性別適合手術と歯止めに関する法整備について質問		
10月			埼玉医科大学で第1例目の性別適合手術実施
1998年			第1回GID研究会
2000年2月			戸籍訂正の可否は「立法に委ねられるべき」東京高裁
8月	第6回アジア性科学学会（南野議員出席）		
9月		第1回性同一性障害勉強会	
10月		第2回性同一性障害勉強会	
11月		第3回性同一性障害勉強会	
12月			TSとTGを支える人々の会、公開シンポジウム開催
2001年3月			第3回GID研究会、シンポジウム開催
5月	南野厚生労働副大臣就任（第1次小泉内閣）		戸籍上の性別訂正求める一斉申し立て、判決文中に法律の制定必要を明記
10月			「三年B組金八先生」で性同一性障害を扱う

第3章 性同一性障害者特例法の立法過程　67

2002年3月			人気女子競艇選手が男子として選手登録
6月			女装での出勤理由とする解雇を無効とする東京地裁判決
9月			小金井市議会で戸籍訂正についての意見書可決
10月	参議院法務委員会で公明党・浜四津敏子議員が性同一性障害者の戸籍変更について質問		
11月			小金井フォーラム開催、山花郁夫衆院議員による人権政策会議発足へ
2003年1月			性同一性障害をかかえる人々が、普通にくらせる社会をめざす会発足
2月	衆議院予算委員会第三部会で民主党・家西悟議員が性同一性障害者の戸籍変更について質問、森山眞弓法務大臣が答弁で議員立法に協力の姿勢	第4回性同一性障害勉強会（会長：陣内孝雄参議院議員（元法務大臣）、事務局長：南野議員、事務局次長：馳浩衆議院議員、山下英利参議院議員）	市川市議会で市の申請書における性別項目削除について質問
			朝日新聞社説
3月		第5回性同一性障害勉強会	
		第6回性同一性障害勉強会	(社)日本精神神経学会、性同一性障害研究会、日本性科学学会、(社)日本看護協会、(社)日本精神科看護技術協会、(社)日本助産師会、FTM日本から要望書
4月		議員立法推進委員会に報告	世田谷区議選にMTF当事者当選
5月	与党政策責任者会議で了承		
	第1回与党プロジェクトチーム（子なし要件含む4要件確認）		
	第2回与党プロジェクトチーム	政調法務部会、骨子説明	
			NHKクローズアップ現代
6月	第3回与党プロジェクトチーム		

7月	第4回与党プロジェクトチーム、法律案要綱提示	政調法務部会、法律案要綱説明	
	第5回与党プロジェクトチーム、法律案提示	政調審議会	
		政調総務会	
	与党政策責任者会議で了承		朝日新聞社説
	参議院法務委員会で草案趣旨説明、委員長提案了承		日本弁護士連合会から意見書、会長談話
	性同一性障害者特例法参議院本会議可決		
	衆議院法務委員会可決		
	衆議院本会議可決		2つの当事者団体が「子なし要件」をめぐり記者会見
2004年7月	同法施行		
9月	南野法務大臣就任(第二次小泉改造内閣)(〜2005年10月まで)		
2005年2月	衆議院予算委員会第三部会で民主党・今野東議員が子なし要件について質問		
2006年1月	特例法見直し検討会発足(以降8回開催)		
10月		古川俊治参議院議員が検討会に参加	
11月			子をもつMTFが性別表記の変更申し立て
2007年10月			性別表記変更を最高裁認めず
2008年3月	検討会で子なし要件を「未成年の子がいないこと」で合意		
4月	与党政策責任者会議で検討会骨子案を基に立案	参議院自民党政策審議会	
		法務部会、政調審議会、総務会で法案審査	
	野党協議		
6月	参議院法務委員会で草案趣旨説明、委員長提出法律案として決定		
	参議院本会議で可決		

12月	衆議院法務委員会で可決 衆議院本会議で可決 同法施行		
2011年2月			一般社団法人 gid. jp 日本性同一性障害と共に生きる人々の会、設立（旧性同一性障害をかかえる人々が、普通にくらせる社会をめざす会）

から戸籍上の性別訂正求める一斉申し立てが行われた。同年、テレビの人気ドラマで性同一障害が扱われ、当事者以外にこの問題が知られるきっかけとなった。さらに、市議会における戸籍訂正に関する意見書の可決、MTF（Male to Female）の当事者の区議会議員への当選、といった動きがある。

この間、2000年に南野知恵子参議院議員が、アジア性科学学会に出席し「性転換の法と医学」というシンポジウムでこの問題を認知し、すぐに自民党内に性同一性障害勉強会を立ち上げた。この勉強会での検討が基になり、参議院、衆議院本会議での採決を受けて、2003年7月、性同一性障害者特例法が可決・成立した。

3　立法過程の分析

政策の窓モデルでは、政策過程に登場するアクターとして、政府内の政治家、官僚、議会、その外にある利益団体、学者、メディア、世論を挙げ、どの参加者がどのように重要で、どのような資源をもつかを論じている。[9] ここではモデルに基づいて、政治家、官僚、議会、当事者グループ、学者・専門家、メディア、世論の順に、立法過程のなかでどのような行動をとり、どのような役割を果たしたのかをみていくとともに、立法過程を問題の流れ、政治の流れ、政策の流れの3つの観点から整理する。そのうえで政策起業家を特定し、政策起業家の行動をみながらなぜ合流が起こったのか分析する。

(1) 立法過程のアクター

1) 政治家

　政治家として主要な役割を果たしたのは参議院議員の南野知恵子であった。学会のシンポジウムでこの問題を認知するとすぐに、自民党内に勉強会を開き、政策実現のための道筋をつけた。これが医療の問題だという認識の下で、自民党議員に協力を求めたという。南野は看護師団体等の支援を受けて比例区から参議院議員に当選している。自身が助産師として生まれたばかりの子どもの性別決定を行った経験から、この問題に興味をもったという。シンポジウムで問題を認知するまで当事者との接触はなく、当事者から政治活動について直接支援を受けているわけではない。

2) 官　　僚

　2003年2月に衆議院予算委員会で、森山真弓法務大臣が議員立法に協力の姿勢を表明した。立法による対応が必要では、との質問に答えたものであるが、このことは逆に閣法からの提案が難しいことを示唆している。性別記載の変更は戸籍法の改正によるという方法もある。しかし、戸籍の体系の見直しに踏み込めば、性別や婚姻の意味そのものを問うことになり影響が大きい。官僚にとっては積極的に取り組むにはリスクが大きく、政治が主導して解決の道を探ることを妨げないというスタンスになった。なお、政策案の立案には参議院法制局のスタッフが参加し、政治家を実務的な面からサポートしている。

3) 議　　会

　2002年10月に公明党の浜四津敏子参議院議員、2003年2月に民主党の家西悟衆議院議員が委員会でこの問題を取り上げた記録がある。人道的な問題であり野党からの反対はしづらいが、自民党以外の政党の動きは散発的であった。自民党内の理解も進んでいたとは言い難い。社会的に大きな注目を集めるには至っておらず、立場を明確にして議論を主導するものは限られていた。最終的に法案は参議院法務委員会の委員長提案となり、本会議でも委員会でも表立った議論はされていない。

4）当事者グループ

　埼玉医科大学の答申を受けて、1996年に「TSとTGを支える人々の会」が発足したことが記録されている。2010年には、戸籍の性別訂正を求める一斉申し立てが6人の当事者から行われた。時期を同じくするという調整はあったものの、この6人は特定の団体に帰属していたわけではない。また、当事者が地方議会議員選挙に立候補して当選したが、同様に特定の団体の支持を受けていたわけではない。一斉申し立ては問題を世の中に訴えて社会化する意図があり、マスコミへの情報提供も行われた。地方議員の当選のニュースはマスコミにも広く流され、一定の注目を集めた。

　しかし、団体やグループに参加する者、政治的な動きをする者は限定されていた。その理由として、障害の程度、性別適合手術の実施の有無、子どもの有無、社会への適応の状況などにより当事者のおかれている環境は異なり、利害を1つにまとめるのが難しいこと、社会に適応するために障害を隠している場合があることが挙げられる。法案成立以前は小規模なグループが議員への陳情などを行い、当事者の意見をとりまとめ、政治的な活動のけん引役となるような団体、リーダー的な役割を果たすものはみられなかった。[11]

5）学者・専門家

　当事者の抱える問題を医学的見地から解決する医療関係者がこの問題を早くから認知する立場にあった。1997年に日本精神神経学会・性同一性障害に関する特別委員会が「性同一性障害に関する答申と提言」を発表した。これは性同一性障害を治療するにあたっての医師の守るべき治療指針であり、このなかで、法的な問題の解決の必要性についても言及されている。自民党の性同一性障害勉強会では6回のうち5回、医学関係者からのヒアリングが行われ、政治家に対して問題への理解を深める役割を果たした。

　また、2003年3月には(社)日本精神神経学会、性同一性障害研究会、日本性科学学会、(社)日本看護協会、(社)日本精神科看護技術協会、(社)日本助産師会から戸籍の変更、訂正を可能とするよう要望書が提出されており、この問題についての医療関係者の支持が確認される。

6）メディア

　2001年5月に南野議員が厚生労働副大臣に就任すると、自民党内の勉強会が休止になり、政治の動きは停滞するが、法律の専門家として早くからこの問題に取り組んできた大学教授は、当事者の相談に乗り、世論を喚起するための司法への申し立てやマスコミへの公表について助言を行った。[12]

　2001年10月にはテレビの人気番組で性同一性障害が扱われ、この問題への一定の認知が進んだ。翌年、女性の競艇選手が障害を公表、男性として登録するというニュースが伝えられた。2003年の当事者である地方議員の当選もマスコミに好意的に取り上げられた。しかし、これらの動きが法律の制定に向けた「国民のムード」[13]を高めたとまでは言い切れない。実際、2003年における森山法務大臣の答弁は、「世の中一般の人が十分理解しているかどうか。まだそこまで行っていないような気もいたします」とある。[14]

（2）立法過程の流れ
1）問題の流れ

　性同一性障害は問題としてはあったが、潜在化していた。1969年にブルーボーイ事件が起こり有罪とされたことが、この問題をタブー視し、特別な職業につく人の問題であるという偏見をもたらすきっかけとなった。この流れが変わったのは、埼玉医科大学の取り組みとこれを受けた学会の対応であり、問題は医療に係わるものだという設定を行ったことだった。これが政治の流れと問題の流れが一致するきっかけとなった、政治家による問題の認知は学会に出席したことである。偏見を転換させるための一般への認知はテレビ番組等を通じてなされた。しかし、政治的な解決の道を開くほどに国民のムードを高めるものではなかった。

2）政策の流れ

　政策案としては戸籍法を改正する方法もあったが、これを避けて特例法を制定するという案が推し進められた。戸籍や性別の意味や役割、そこから派生する家族制度に踏み込まず、性別取り扱いの特例であるとし、政治的な議論を避けている。特例法を制定するという方針の下で、婚姻していないこと、現に子

がないこと、生殖腺がないこと、または生殖機能を欠く状態にあること、変更を望む性別の性器に似た外観をもつことが定められた。当事者にとっては、手術を望まないもの、すでに子どもをもっているものがおり、これらのハードルは高いとみられた。実際に子なし要件の有無をめぐって、当事者同士の対立もあった。しかし法律の要件は、男女が婚姻し子どもをもつという現状の社会的秩序にできるだけ近づけることである。婚姻制度を脅かさないという点で、社会的にも政治的にも受け入れやすいものとなった。

また、手術・治療への保険適用など予算を伴う措置を対象にしていないことも、受け入れやすい要因であった。

3）政治の流れ

政治家として中心的な役割を果たしたのは自民党の南野議員であった。この問題が与党議員の目にとまり課題として認識されたこと、南野議員が厚生労働副大臣を経て、法律制定の後に法務大臣も務めることとなったシニア議員であったことは政治の流れを推し進める大きな要因だった。省庁間の調整が必要な閣法での提案を避け、議員立法での提案を企図したことは、問題の解決を政治主導で行うことを決定づけた。このことは、問題の重要性をアピールすること、政策の適切さを競うことといった他の流れに対して、相対的に政治の流れの重要性を高めるものであり、政治の流れが加速し、他の流れを巻き込んで政策の窓を開く可能性を高めた。

（3）政策起業家の特定

ここまで立法過程をみてきたが、何故3つの流れは一致し、政策の窓は開いたのであろうか。政策の窓モデルでは、政策起業家の概念を用いて、「適切な起業家が適切な時に現れれば流れが合流する」[15]とするが、本事例に関しては南野議員がその人であった。以下、その理由を説明するが、南野議員が取り上げなければ、問題は問題として認識されることもなく、政治過程に持ち込まれることもなかったであろう。

政策の窓モデルは特定の問題が何故アジェンダとして設定され、他の問題は取り上げられないのかという関心から始まる。この仕組みを問題、政治、みえ

る参加者から説明する。問題が問題として認知される方法としては、定期的にとられる指標の変化に官僚が気づいたり、人々の注目を集める出来事がおこったり、すでに発生した問題の対応について公式・非公式に寄せられるフィードバックに学ぶことがある。政治的には国民のムードや選挙が重要である。みえる参加者としては、特にアジェンダの設定に関して選挙された政治家等が高級官僚や政府の外にいる参加者より重要だとする。[16]

　法律制定における議員の活動に注目した議論としてジャック・L・ウォーカー（Jack L Walker）[17]があり、ここでもアジェンダ設定の重要性が指摘されている。立法過程の核心は賛否ではなく、どの問題が取り上げられ決定の対象とされるのかにあるとし、この過程で議員がどのようなリーダーシップをとっているのかを明らかにした。議会において議論の対象となるアジェンダには決まって取り上げなければならないものもあるが、取り上げるかどうか裁量の余地のあるものも多い。議会で取り上げられるように積極的に活動する議員を立法活動家（activist senators）[18]とし、この役割を析出している。

　問題がアジェンダとして取り上げられやすい3つの条件として、第1にたくさんの人に関心をもたれ政治的アピールができる、第2に深刻な問題に取り組むものだという確かな根拠がある、第3に懸案に対する解決案が含まれ、それが権威あるものであったとき、が挙げられる。[19]一方で、大衆運動や社会運動、メディアのアピールを経由しないアジェンダが設定される事例があるとし、この場合、立法活動家の問題関心や熱心さが原動力とされた。

　この議論は、ジョン・W・キングドン（Johw W Kingdon）がアジェンダ設定における議員の役割の重要性を認めるのと共通の点を指摘する。そのうえで、本事例ではアジェンダとして取り上げられやすいとされた3点について、少なくとも第1点目については欠けていた。第2点目についても当事者の苦悩は理解されておらず、嗜好の問題だと思われがちであった。第3点目に関する議論は進んでいなかった。

　本事例では、専門家とのつながりによって問題を議員が認識したが、この段階でメディアはまだ問題を認知しておらず、議員の関心によらなければ問題は政治過程に持ち込まれることはなかったであろう。これらのことから、南野議員が政策起業家であったと特定される。

（4） 政策起業家の行動

 次に政策起業家としての南野議員の行動を確認したい。南野議員は問題認知の後、与党内の賛同者を集め勉強会を組織して同調者を増やし、議員立法での法制化を目指せるように調整し、政治の流れの優位を図りながら合流を目指した。

 議員の投票行動についてキングドンは、情報を得るコストを削減することと選択を単純化するという点を提起して説明する[20]。この2点を踏まえると、仲間の議員に誘われて投票行動を決めたり、自身の望む政策を実現したい場合に仲間を誘う場合があるとする。まだ賛否の流れが決まっていない、イデオロギーも選挙民の判断も用意されていない場合、つまり注目を集めておらずあまり重要でない議題については、少数のその問題に関係する同僚の投票行動と同じ行動をとる者が多くなる。

 本事例に関しても南野議員は問題を認知するとすぐに、数名の自民党議員に声をかけ、党内に勉強会をつくり、障害への理解を深めた。このようにして少数の先駆的なグループが形成されたが、問題がまだ注目されていないなかで、これらの議員が他の自民党議員の投票行動を先導したことが記録されている[21]。問題を政治過程に持ち込んだ後、合流を図り、政策の窓を開くために行った政策起業家の行動として確認される。

 こうした人物を得れば政策の窓は容易に開くようにもみえる。では、何故この議員は困難な立法を押し進める政策起業家として活動するのであろうか。次に理論的な側面からこの点を検討したい。

4　法制化の要因

 本法に関する政治学の先行研究としては竹田（2010）があり、マイノリティの利益の実現という観点から考察が行われている。このなかで、ケネス・A・シェサル（Kenneth A Shepsle）（2006）における政治的企業家（political entrepreneur）の概念を用いながら、これが出現した条件が検討されている[22]。本法が成立した理由として、再選が行動目標として設定される合理的な議員像を想定しながら、イシュー・セイリアンスが高くない場合、昇進か政策の実現かのどち

らかを再選に対して優先させる可能性があることと、マジョリティーの利害と抵触しないイシュー・セッティングを行ったことの2点が指摘されている。

政治的企業家はマンサー・オルソン（Mancur Olson）(1971)の集合行為論で説明しきれていないリーダーシップの役割を抽出するなかから出てきた概念であり、合理的な行動とはいえず一見わかりにくい動機を明らかにしたいという興味から生まれた。この点で、政策起業家の行動を説明しようとするここでの関心とも一致するのであるが、イシュー・セイリアンスに注目して政治的企業家の行動を説明した竹田香織の議論には一定の説得力がある。以下では、先行研究で導出された結論にほかの要素を付加することを目的として議論を進めたい。

南野議員は助産師・看護師の経歴をもち、関連団体の支援を受けて比例区から当選した参議院議員であり、立法時には2期目を務めていた。看護婦（士）から看護師への名称改善等を実現し[23]、専門職の地位向上を図ることなどに実績を残した。男性への助産師資格の解放に向けて道筋をつけるなど、看護・医療分野における数々の政策形成に尽力した。再選が他の政策目標に優先するのであれば、性同一性障害に係る政策の実現に努力することは、この議員にとって付加的なものにすぎない。議員の行動はどう説明されるのであろうか。議員の投票行動および支持者との関係から説明したい。

（1）議員の投票行動

政治家がどのような信念に基づいて行動しているのかを明らかにする試金石の1つは、議会でどのような法案に投票するかにある。本章は政策の実現に向けた政策起業家の活動を立法過程のなかで検証するものであり、投票行動はその最終段階に位置づけられる。ここから政策起業家の行動を説明したい。

先のキングドンは[24]、議員の投票行動についてモリス・P・フィオリーナ（Morris P Fiorina）やデイヴィッド・R・メイヒュー（David R Mayhew）の議論を挙げ、選挙民の意思を反映すること、再選へ向けた戦略により説明されることなどが経験的に理解されやすいとした。リチャード・F・フェノ（Richard F Fenno）の議論にも触れ、再選、昇進、政策の実現がゴールとして想定されるという認識を示し、これらの要素は排他的なものではなく、共存しうるもので

あるとした。

 そのうえで、議論をよんでいるか、アクター間の対立はあるか、自分の目標にかなうか、注目されているかなどいくつかの要素を挙げ、これらを組み合わせて投票行動をパターン化したモデルを提示した。案件が議論をよぶものでないこと、アクター間に対立がなく、本人や支持者、政策決定の責任者に重要性があるともみなされていない場合、自身の政策の目標に基づいた投票行動をとることがあるとする。このモデルからみれば、まだ注目を集めていない本事例について、議員は自身の政策の目標に基づいた投票行動が可能である。

 政策起業家にとって、投票は活動の最終段階にすぎない。しかし、この問題を取り上げ政策の窓を開くために行った一連の行動を説明するのに、これらの要素は必要である。また、注目されておらず自身がその問題について詳しくない場合、同僚の投票行動を参考にして投票するというこのモデルは、勉強会に参加した議員に先導されて本法に賛成した他の議員の行動を説明している。この点は、イシュー・セイリアンスに注目した竹田の結論と一致する。

 議員の投票行動に注目したここでの議論は、立法過程の最終段階での行動を説明し、政策起業家としての行動がとられていたことを確認するものである。しかしなお、政策起業家として何故アジェンダの設定に努力するのかという行動を説明しきれていない。この点を次に団体との関係から説明したい。

（2）支持者との関係

 議員の行動を再選と関連づけて説明しようとする場合、支持者との関係をみる必要がある。ここまで、支持者にとって関心の薄い問題である場合、議員が自身の目標とする政策の実現のために行動することを示してきたが、本事例に関しては、性同一性障害という問題を扱ったことが、南野議員を支持する団体のメンバーの満足度を高めることにもなる。南野議員は看護師団体等の支援を受けて当選しており、これを利益団体と考えれば次の説明が可能である。

 利益団体における起業家・組織者（entrepreneurs / organizers）の役割について論じたロバート・H・ソールズベリー（Robert H Sailsbury）は、起業家とメンバーとの間の利益をめぐる関係を明らかにした。[25] 利益団体は物質的利益を実現してメンバーの期待に応えて組織を維持するのであり、起業家も団体から報

酬を得ることで活動が可能になる。しかし、団体が与える利益はこれだけではない。団体のメンバーであることで得られる地位、楽しみや陽気な行動といったものもある。平和や人権など価値に関することは換算できないものの、それを表明すること自体から得られる利益もあり、それが団体の内なるインセンティブとなる。起業家はこれらの利益を組み合わせて提供する。

多くの団体は公共政策の決定に関与を目指すものではなく、物質的利益を実現するために組織されるとしたうえで、オルソンが引かれ、オルソンの議論で欠けているのは起業家の役割であるとした。団体の設立時にまだ選択的な利益が提供されていないなかでメンバーが集まるのは、公共政策を表明し集合的利益を求めたからだとする。また、団体の物質的な利益が確定した後に、メンバーが他の団体に移らないようにするためにも、起業家は付加的な利益を与える必要がある。メンバーは団体から得る利益を享受する一方で、経済的な利益を実現したうえでなら起業家に、政策の実現に向けた自由な活動を許容する。これが起業家の利益となるとした。

南野議員と支持団体との関係は、一義的には専門職の地位の向上など、直接の利益を与えるなかで成り立っている。しかし、団体がこの目標だけを追求するのであれば、団体は長続きしない。議員が性同一性障害を扱うことは支持者が直接求めたのではなく、関心が低い段階であった。しかし、議員が先導的にこの問題を取り上げ解決したことで、メンバーの満足度を高めたと考えられる。障害者の問題は支持者である看護師・助産師という医療関係者にとって無関係なものではない。法律の制定によってこの問題への認知が進むと問題を解決した議員への評価は高まり、公共政策に影響を与えたということで団体の求心力を向上させたと考えられる。南野議員が取り上げた政策は医療分野に限るものではなかった。DV法や高齢者虐待防止法をはじめとして女性、高齢者、中国からの引揚者等に関する議員立法に実績を残したが、同様の効果が想定されよう。[27]

オルソンの集合行為論におけるリーダーシップの役割に注目したリチャード・E・ワグナー（Richard E Wagner）（1966）も、個人的な利益を与えずロビー活動もしない団体が存在するのは、政治的起業家が民主主義的な決定過程を動かすことにメンバーが好感を抱くからだとした。ここから考えれば南野議員の

行動は、性同一性障害という少数者の利益を政治過程に持ち込み、決定過程を開かれたものにしたことになる。この意味を団体のメンバーが認識したかどうか量ることはできないが、否定的に捉えられるものではないだろう。

5　小　　括

　以上、議員の投票行動や支持団体の満足度に注目して政策起業家の行動を説明してきた。これらのことは議員の行動を合理的なものとして説明する。南野議員は著書のなかで平和や女性等の問題に係わった自身の立法に係る行動を、中国からの引揚者であったという自分の生い立ちと深く係わったものであるとする。[28] 合理的な要素だけで説明しきれない属人的な事柄が行動の原動力であったことは想像しうるが、政策起業家の行動という点からは、ここまでのような説明が妥当であろう。

　本章の目的は、市民の望む政策を実現するための政策起業家の輩出条件を検討することにあった。分析の枠組みとして政策の窓モデルを用い、アジェンダ設定の要件をみながら政治過程に問題を持ち込んだ政治家を政策起業家であったと特定した。政策の窓を開くためにどのようなことを行ったのかを確認したうえで、この議員の行動を投票行動および支持団体のメンバーの満足度から合理的なものとして説明した。

　本事例では、政策起業家の存在が政策の実現に決定的な役割を果たしたと同時に、政策起業家の行動が当事者によって支えられていたのではないことが明らかになった。支援者である団体のメンバーに対して利益を与え満足度を高めた議員が、注目度の低い案件に対して自身の望む政策の実現に動いていた。

　このことは政治的なリソースの少ない市民が自身の望む政策を実現することに一定の示唆を与える。再選の可能性の高い議員の存在、政治家との選好の一致、団体の支援者の好感度を高める可能性などである。政策を実現するためにマスコミを媒介に注目を集め世論を喚起させる方法もあるが、本事例では逆にイシュー・セイリアンスの低さが議員に行動の自由を与えていた。

　ただし、市民が団体政治にいかに係わるかという規範的な課題は残されている。既存の政治体制のなかでの配置が確定した団体に依存しつつ、政治家のパ

ターナリズムに依存する形で利益を実現していくのがよいのだろうか。あるいは新しい団体を設立してそのなかに新規参入していくことこそが、多元主義的均衡を再構築する観点から望ましいのだろうか。また、本書の冒頭に挙げたように日本の政治を論じるのにしばしば、利益誘導と族議員の形成に基づく鉄の三角形という構図がとられてきたが、日本社会が成熟を迎え、分配をめぐるアクター間の争いが一段落し均衡を保つなかで、政治団体がどのように求心力を維持していくのか、という点でも、今日的な問題を提起しているように思われる。

1) Berry (1999) は利益団体のロビー活動の成功の要因として注目、信頼性、組織能力を挙げ、メディアの報道に注目した分析を行っている。chap. 6.
2) 法案成立の最終段階で子なし要件をめぐる当事者間での対立は生じたが、法律を成立させたいという点での利害は揺るがなかった。右翼団体、宗教団体などが表立ってこの法律に反対することもなかった。
3) Kingdon (2003).
4) 松田 (2012)、秋吉・伊藤・北山 (2010) 第3章、大嶽 (1990) 第2章等。
5) 小島 (2003)。
6) Cohen (1972).
7) Kingdon (2003) pp. 84-89.
8) Zahariadis (2001) p. 3. このほか、大嶽 (1990) 107-109頁では、先の3つの流れが順を追って展開することがありうること、偶然性を強調するあまり決定過程を取り巻く安定的な制度的条件および参加者に共有された規範体系の存在を軽視するなどの問題が挙げられている
9) Kingdon (2003) はこのほかに、大統領、大統領スタッフ、政治任用のスタッフなどをアクターとして挙げている。政府の保険医療政策の転換という国民全体に係わる大きな変化を追っているため、アクターも広範にわたるが、ここでは本モデルをベースにしつつ、事例分析に必要な範囲にアクターを限定し、利益団体を当事者グループと読み換え、学者とともに専門家を挙げるなどの修正を行っている。
10) 2013年8月20日、聞き取り調査から。
11) 法案成立の半年前に「性同一性障害をかかえる人々が、普通にくらせる社会をめざす会」が発足し、その後2011年に社団法人化し、当事者の交流とともに政策的な提言も行っている。しかし、当事者にとっては手術をすませ、戸籍を訂正することで自分の問題が解決されれば、この問題から距離をおくことで社会に適応する選択をすることがある。このため、手術への保険適用や未成年の子がないことという条項の撤廃など、当事者の抱える問題の解決に継続的に取り組むことが難しい状況がある。
12) 南野 (2004) 40-41頁。
13) Kingdon (2003) p. 203.

14) 2003年2月27日、衆議院予算委員会第3部会会議録。南野（2004）2頁でも同様の認識が示されている。
15) Kingdon（2003）p. 205.
16) Kingdon（2003）pp. 196-199.
17) Walker（1977）.
18) この訳出は笠（1988）によった。
19) Walker（1977）p. 430.
20) Kingdon（1977）pp. 570-579.
21) 多くの議員が性同一性障害そのものについて十分に理解しないなかで、勉強会に参加した数名の議員が分担して同僚議員へ理解を求めたという。南野（2004）6頁。
22) Political enterprenure, public enterprenure など類似概念を含めた先行研究の整理については、Cohen（2011）pp. 6-10.
23) このほかに、保健婦（士）・助産婦（士）・准看護婦（士）といった職種の名称を保健師・助産師・准看護師に改正した。
24) Kingdon（1977）p. 567.
25) Salisbury（1969）pp. 11-19.
26) 以下、ソールズベリーは組織を立ち上げたものとして起業家という概念を挙げている。ワグナーも団体のリーダーシップという観点から政治的起業家という言葉を使っている。これらは政策を実現する役割を重視した政策起業家とは異なるものであるが、団体と政策起業家の関係を考えるために有益な観点を提示していると考え、引いた。
27) DV法の制定にあたっては、プロジェクトチームの座長として超党派の取りまとめにあたった。
28) 南野（2010）はじめに。

第4章
発達障害者支援法の立法過程
▶市民の役割と影響力の観点から

1　はじめに

　本章では発達障害者支援法の立法過程を市民の役割と影響力の観点から分析するが、まず、影響力という概念について整理しておきたい。

　政治における影響力とは何かは、政治学における大きな問題である。国内に限定すれば政策形成に対する利益集団の影響力を正面から論じたものはほとんどなく[1]、影響力の測定方法についても合意があるわけではない。ここでは先行研究の知見を踏まえ[2]、本章で影響力を論じる際に留意すべき点を抽出しておく。

　影響力には、政策決定に直接関与する少数の人間がもつ政策アウトカムに対するものと、社会集団ないし個人が直接の政策決定者に対してもつものという2つの面がある。この2分類が意味をもつのは、政策の実現を望むアクターの要望が実現した場合、影響力行使の結果とは一概にいえず、政策エリートのそもそもの選好による場合があるためである。市民の要望に基づく政策が実現する場合、政策エリートの当初からの選好に左右されることが少なからずあることも想定される。後者については、社会集団ないし個人がもつリソースが決定的な意味をもつ。

　何が政治家を政策の実現に誘引するのかについて、度々引くように議員の再選欲求を出発点として再選のための政治資金と票を求める政治家の行動という図式は理解しやすい。このことは、市民団体が長く政策過程、政治過程のなかで力を発揮しえなかった理由としてもわかりやすい。さらに、ジェフリー・M・ベリー（Jeffrey M Berry）は利益団体のロビー活動の成功の要因として注目、信頼性、組織能力を挙げ、メディアの報道に注目した分析を行っている[3]。ロバート・A・ダール（Robert A Dahl）は政治的人間が利用できる資源として、

個人の時間、金銭、信用、富への接近、仕事に対する管理、情報に対する管理、尊敬または社会的地位、カリスマ、人望、正当性、合法性などの所持、公職につく権利等を挙げているが、この一覧表をつくるつもりはないとする[4]。それらは種類についても量でも永久に固定されたものではないからである。

このように影響力およびそれをもたらすリソースの概念は多義的なものであるが、本章では、市民団体の影響力の源泉について、村松・伊藤・辻中 (1986) で提唱された4つの仮説[5]を援用して分析を試みることとしたい。組織リソース仮説、相互作用正当化仮説、バイアス構造化仮説、頂上団体統合化仮説である。

第1の組織リソース仮説は、規模、財政に加えてリーダーシップ、組織ネットワーク、情報へのアクセスなどが団体の影響力を規定するというものである。

第2の相互作用正当化仮説は、政策エリートへの接触活動が盛んであり、それが政策エリートに受容されるほど、影響力が大きくなるというものである。

第3のバイアス構造化仮説は、団体の属性や活動ではなく、政策エリートとの一定の安定した関係によって影響力が決まるというもので、行政との間にフォーマルな関係をもち、政権党と緊密な関係をもつほど、影響力が高まるとする。政権党を支える団体と野党系の団体を区別し、権力核からの距離による影響力の階統制を考えたもので通説の見解に近い。

第4の頂上団体統合化仮説は、団体間の社会レベルでのヒエラルキーが影響力に関係するとする。つまり、各団体での頂上団体は第1から3の仮説で挙げた要因をすべてもつので大きな影響力を発揮できるというものである。この仮説については、ネットワークでゆるやかにつながる市民団体の性格から、市民団体の影響力を検討するのに適当でないと考えることもできるが、団体の組織運営の特性を明らかにしておくという観点から、検討の対象としたい。

第1の組織リソース仮説、なかでも規模、財政に注目することは一般に受け入れやすいだろう。本章では発達障害者支援法を取り上げるが、この制定を要望した団体の資金力、規模にみるべきものがなく、多くの市民団体と共通の属性をもつと考えたからである。また、先に挙げたように市民団体のリソースとしてマスコミを通じた世論の動員、ここから獲得される信頼性や正当性があるが、本事例では当事者の抱える問題が一般には認知されておらず、この点で多

くが期待できない。[6]このようなマイナス要素を乗り越え成立に至った理由を明らかにすることが、みるべき政治的資源のない市民の要望に基づく政策を実現に至らしめるのに示唆を与えると考えたためである。

2　発達障害者支援法の制定経緯

　前節にみたように分析の視角を定めつつ、発達障害者支援法の制定に至る経緯をみていくことにする。アクターである市民団体の概要を整理し、制定までの経緯を辿った。

(1) アクターの概要
　まず、本章における発達障害の定義としては、法律の定義に則り、「自閉症、アスペルガー症候群その他の広汎性発達障害、学習障害、注意欠陥多動性障害その他これに類する脳機能の障害」とする。

　発達障害者支援法の制定に向けて動いた団体は、障害種別に基づく複数のグループである。これらは日常的には、発達段階にある子どものケアを目的として活動している。活動の主体は、障害者本人というよりその親であり、これを支援する医療関係の専門家である。本章では、障害者本人以外にこれらを含め、当事者、市民と呼称する。

　団体の日常の活動は、学齢期の障害児の学びや遊びに関する直接の支援、親向けの研修や相談、一般向けの啓蒙普及などである。全国組織の下に支部をおくという形になっているところが多いが、強固な指揮命令系統があるわけではなく、日常の活動に対し必要に応じて支部が助言を受けるというようなつながりである。

　発達障害の概念のなかに包括される障害は複数あり、それぞれが異なった行動特性をもつ。このため日常の活動で連携することはなかった。法律の制定過程においても団体ごとに独自の動きをみたため、全体像は把握しづらい。障害種別ごとの団体が連携して、正式にネットワークという名称を付して組織化されたのは、法施行後の2005年1月である。これは「一般社団法人　日本発達障害者ネットワーク」(以下、JDDネット)といい、法の趣旨を具体化するための

表4-1 JDDネットワーク設立準備会発起団体の概要

団体名（所在地）	障害種別	団体概要	会員数
NPO法人アスペ・エルデの会（愛知県名古屋市）	アスペルガー・LD	1992年活動開始、2002年NPO法人化。	東海3県に10の正会員団体。全国10都道府県に研究協力賛助団体会員。
NPO法人えじそんくらぶ（埼玉県入間市）	ADHD	1998年設立、2002年NPO法人化。同会員が設立した「えじそんくらぶの会」が各地にある。	正会員、準会員約1200名
NPO法人EDGE（東京都港区）	識字障害	2001年NPO法人として設立。	正会員、準会員約150名
全国LD（学習障害）親の会（東京都新宿区）	学習障害	1990年2月設立、全国7ブロックの理事制で運営。	加盟団体53、会員数約2900名
社団法人自閉症協会（東京都新宿区）	自閉症	1968年に各地域に組織されていた自閉症児親の会が集まり全国協議会を結成。1989年に社団法人化。	各都道府県に49支部、会員数12405名

出所：JDDネットワーク、各団体ホームページより作成。

政策提案や啓発普及を行う目的で設立された。

　以下ではこの設立準備会を立ち上げた5団体の概要をみることで、法律制定のために動いた当事者像を把握しておく（表4-1）。自閉症団体の活動が1968年からと古く、会員数は1万人を超えるが、その他の団体は1990年代以降に設立されており、会員数も100～数千の単位である。公開情報から把握できなかった1団体を除く4団体の会員数の合計は1万6000人程度となっている。JDDネットは個人での加盟を認めておらず各地で活動する当事者団体のネットワークという位置づけになる。加盟団体からの年間5000～3万円の会費と財団等からの助成を主な資金源として活動している。加盟団体は正会員（全国団体）17団体、エリア会員（地方団体）49団体となっている。[7] 筆者の行った聞きとり調査からは、財政的には事務所を借り、日常の連絡業務等を行う専従者を1名おくだけの余裕しかなく、政策提言などの活動は当事者や医療関係の専門職を含む支援者のボランティアで行われているという。

　これらの団体は発達障害という枠組みのなかで、1つの障害として扱われているが、診断名ごとに特性が大きく異なり、求める支援の内容も異なっている。

このため、立法化には温度差があった。例えば、自閉症は早くから知られ団体化も早い。自閉症には知的障害を伴うものが多く、自閉症に特化した支援がなくても知的障害の枠のなかで支援を受けることが可能であった。このため、会員の中には法制化に積極的でないものもいた。

実際、2002年に「自閉症・発達障害支援センター整備事業」（厚生労働省）が実施されたが、当事者からは自閉症と並列されることに違和感があったという。しかし厚生労働省としては、発達障害の認知度が低いため、事業を実施するためには自閉症を入れることが必要であった[8]。政策技術上の問題で一緒に扱われていたのである。

さらに、高機能自閉症にはIQ70～140まで、すなわち小学校の普通学級の課程をこなすことが難しい境界域から知的能力の高い層までが含まれる[9]。このことは同じ診断名のなかでも、求める支援内容が異なることを示唆する。

（2）制定までの経緯

先に述べたように発達障害の認知度は低く、当事者も含め障害として認識されるのは1990年代に入ってからであった。自閉症が早くから知られていたことは先に挙げたが、1981年には国会議事録のなかに関連の事項が記録されている。この年、参議院予算委員会において厚生大臣から、自閉症の成人問題、心身障害に関して、法律を検討するとの答弁があった。その後、1993年の障害者基本法の成立、2004年の同法改正にあたって、国会の附帯決議で自閉症が障害の定義に含まれることが規定されたが、国の支援体制を確かにする個別法を求める声はなお強くあった。

行政の対応では、1990年代から各種の調査が行われてきたが、文部科学省が2001年にとりまとめた「21世紀の特殊教育の在り方について」において、自閉症や注意欠陥多動性障害、学習障害についての支援体制を充実するという方向性が示されたことが記録されている。これを受け、2002年2月から3月にかけて、同省は「通常の学級に在籍する特別な教育的支援を必要とする児童生徒に関する全国実態調査」を行っている。このなかで「学習障害、注意欠陥／多動性障害、高機能自閉症等、通常の学級に在籍する特別な教育的支援を必要とする児童生徒」が通常の学級の6.3％存在することが明らかになった。これまで

表 4-2　発達障害者支援法の制定まで

年　月	政　治	行　政	市民・一般
1967年		児童生徒の心身障害に関する調査（文部省）、自閉症を情緒障害へ	自閉症児親の会
1968年			自閉症児・者親の会全国協議会
1981年2月	参議院予算委員会、厚生労働大臣、成人の自閉症者への支援を答弁		
1989年			社団法人日本自閉症協会
1990年			LD親の会
1992年			アスペ・エルデの会（アスペルガー、LD）
1993年11月	障害者基本法成立、附帯決議で自閉症含む（議員提案）		
1996年			社団法人日本自閉症協会の中央研修会で高機能自閉症がテーマ
1997年			えじそんくらぶ（ADHD）
1999年2月	衆議院予算委員会第四分科会、公明党・福島豊議員、発達障害の研究への取り組みについて質問		
1999年10月	第2次小渕内閣成立、自自公連立		
2000年4月	衆議院予算委員会にて自民党・野田聖子議員、発達障害の子どもへの対応について質問		豊川市主婦殺害事件、発達障害と少年犯罪の関連報じられる
12月	福島議員、公明党厚生労働部長就任		
2001年1月		「21世紀の特殊教育の在り方について」（文部科学省）	
4月	第1次小泉内閣成立、坂口力厚生労働大臣（公明党）就任		
10月			NPO法人EDGE（識字障害）

2002年2月		「通常の学級に在籍する特別な教育的支援を必要とする児童生徒に関する全国実態調査」(文部科学省)	
4月		自閉症・発達障害支援センター整備事業(厚生労働省)	
2003年11月	第2次小泉内閣成立、坂口力厚生労働大臣(公明党)留任		
2004年2月		第1回 発達障害支援に関する勉強会(厚生労働省・文部科学省)	
		第2回 同勉強会	
3月		第3回 同勉強会	
		第4回 同勉強会	
4月	発達障害の支援を考える議員連盟設立準備会発足	第5回 同勉強会	TV『光とともに』放映
		第6回 同勉強会	
5月	発達障害者の支援を考える議員連盟設立		
	障害者基本法改正、附帯決議で発達障害含む(議員提案)		
6月	(第159回通常国会1〜6月)		「支援法成立キャンペーン」
	議連役員会 条文案検討		読売新聞社説
	議連 施策の充実と予算の拡充に係る要望書提出		
7月		第7回 同勉強会	
8月		第8回 同勉強会	朝日新聞社説
9月	第2次小泉改造内閣成立 尾辻秀久厚生労働大臣(自民党)就任	第9回 同勉強会	
11月	議連役員会 条文案修正協議		
	議連総会 修正案了承		
	衆議院に発達障害者支援法案提出		
	衆院内閣委員会に付託するが撤回		撤回を受けて「発達障害者支援法の成立を願う120人の当事者の意見書」
	衆議院内閣委員会で小宮山洋子議員質問		
	衆議院内閣委員長起草案が可決		

12月	衆議院本会議で可決 参議院内閣委員会で可決 参議院本会議で可決		
2005年4月	法律施行		

親や教育の現場からあげられてきた声が、具体的な数値として把握されたのである。

　一方、2002年度からは、厚生労働省の事業として「自閉症・発達障害支援センター」の整備が始まるなど施策対応が進められたが、関係者の間ではなお長期的な支援体制を担保する個別法の制定が要望されていた。こうした声を受けて、2004年2月から、厚生労働省と文部科学省の「発達障害者支援に関する勉強会」が始まる。この勉強会は同年9月まで9回にわたり実施され、医療関係者、学者、当事者団体代表、行政の担当者が集まり、生涯を通じた地域での一貫した支援体制の構築に向けた検討が進められた。

　政治の側にも独自の動きがあった。1999年2月には、衆議院予算委員会第4分科会で、医師であり自身が発達障害のある子どもの親である公明党の議員が、発達障害の研究への取り組みについて質問している。この議員が2000年12月に党の厚生労働部長に就任すると、党の政策課題として取り組む方向で党内をまとめる。民主党の議員のなかにも関心をもつ議員がおり、2004年5月には、超党派の「発達障害の支援を考える議員連盟」が発足した。厚生族として知られる総理大臣経験者が会長に就任、事務局長には先の公明党議員が就任し、法律の制定まで中心となって活動した。本法は、内閣委員長提案の議員立法として、衆参両院で、全会一致で可決された。

3　発達障害者支援法の制定因子

　上の経緯を分析するにあたり、ジョン・W・キングドン（Johw W Kingdon）が提唱した政策形成過程における機能概念に基づき、問題の認知、政治過程、政策案の3点に分けて制定に係わる因子を整理、記述した。

（1）問題の認知

1962年、日本自閉症協会の前身となる自閉症児・親の会が設立され、1981年には当時の厚生労働大臣（園田直）が成人の自閉症問題について答弁した。しかし、その後の政治の動きとしては、1993年に障害者基本法の附帯決議で自閉症が対象となることが盛り込まれるまで、目立ったものはない。

この問題が動くのは1990年前後に他の障害種別の団体の動きが活発になってからである。1990年にLD親の会、1992年にアスペ・エルデの会、1997年にはえじそんくらぶが設立された。親の躾や家庭の問題とされていたものが、障害が原因であると親や当事者の間で知られるようになり、問題を当事者同士で共有しようという動きが広まっていった。

自閉症以外の障害種別や自閉症のなかでも高機能群の存在が当事者の間で知られるようになり、障害の特性に応じた多様な支援が必要であるという声が強まった。しかし、法律が制定された2004年時点では、発達障害の一般的な認知度は低く、世論の盛り上がりに支持されたものでもなかった。

（2）政治過程

1999年10月、第2次小渕改造内閣が発足、公明党が入閣を果たし自自公（後に自公）連立の流れが始まる。

法律が制定された2004年時点では小泉内閣が新自由主義的な政策を進め、国民に自助、自己責任を求める傾向が強まっていた。一方、2001年4月に公明党から坂口力厚生労働大臣が就任し、福祉の党という看板を実質的にも担うことになった。新自由主義派が主導する大きな政治の方向性のなかでも、同党の政策が実現しやすい環境があった。

例えば、2003年には前章でも取り上げた性同一性障害者特例法が制定された。同法の制定には保守派の抵抗が予測されながら、自民党内のキーパーソンの存在が立法過程をけん引したことをみてきたが、このことは、福祉の党、人権の党を標榜する公明党の意向を尊重する結果となった[11]。

2000年12月、福島豊衆議院議員が公明党厚生労働部長に就任し、党内の厚生労働政策のとりまとめを負うことになった。福島議員は自身が広汎性発達障害の子どもをもち、この問題に早くから取り組んできたが、同党が政権に就いた

ことで政策の実現可能性が高まっていた。

(3) 政 策 案

　自助・自立が政策の潮流にあるなか、障害者福祉政策にも大きな法制度の見直しがあった。2005年11月には障害者自立支援法が制定された。本法は障害の種別に基づいて提供されてきた福祉サービスや公費負担を一元化し、施設・事業を再編するものである。措置から契約へといわれるように、障害者が事業者と対等の立場でサービスを受けることを可能にした。反面、応能負担から定率負担となったことで、利用者負担の増加を免れなかった。[12]

　この一方で、発達障害自体への対応も進められていた。2004年5月、障害者基本法改正の際、附帯決議で発達障害を含むとし、初めて法制度のなかで支援の対象として位置づけられた。2005年11月に制定された障害者自立支援法では精神障害者に含む形で発達障害を支援の対象とした。事業レベルでの対応もある。2001年には文部科学省から「21世紀の特殊教育の在り方について」という方針が出され、2002年には厚生労働省が「自閉症・発達障害支援センター整備事業」を行った。

　しかし、政府としては予算削減の方向にあるのがこの時期だった。一般的に新法が制定されると恒常的に対応が必要となり、これに伴う予算支出が硬直化することが想定される。このため、新法の制定には各省とも慎重にならざるをえない。

　教育現場を抱える文部科学省では、問題の難しさを直接把握しうる立場にあり、先のようにいち早く調査を実施するなど対応が早かった。さらに、学校教育法の改正を通じて特殊学級から特別支援教育へと枠組みを変更し、特別に配慮が必要な児童・生徒への対応を図ろうとした。

　一方で、厚生労働省の対応は遅れていた。日本の障害者法制は、基本法としての障害者基本法と、身体・知的・精神の3障害を対象とした法律、児童福祉法による児童への対応の規定という5つの柱からなっていた。厚生労働省は、3障害を基礎に障害者福祉政策の体系を構築してきた。発達障害については、知的障害や精神障害を伴えば既往の政策で対応が可能であったが、それ以外の場合は支援の谷間となっていた。新たな障害認定はすでにある障害との調整、

表4-3 発達障害者支援法の制定以降

年　月	政　治	行　政	市民・一般
2005年11月	障害者自立支援法成立（内閣提案）、障害の種別に係らずサービスの一元化、措置から契約へ、発達障害明記		
1月			日本発達障害ネットワーク（JDDネット）設立
2006年4月	同法施行		
2007年5月	議連総会		
2008年3月			岡山駅突き落とし事件
6月	議連総会		
11月	議連総会		
2009年8月	民主党政権成立		
2010年4月		障がい者制度改革推進会議　総合福祉部会設置	
12月	障害者自立支援法改正、同法の廃止を明記		
2011年7月	障害者基本法改正、発達障害明記		
2012年6月	障害者総合支援法成立（内閣提案）		
8月			裁判員裁判で障害理由に求刑上回る量刑
2013年4月	障害者総合支援法施行		

さらには予算の拡充が必要となることから、厚生労働省はこの作業に後ろ向きであった。

　当時、障害者自立支援法の制定に向けた検討が進んでいたが、3障害のサービスの統合が柱であり、ここに給付の拡大につながる発達障害が加わる可能性は低かった。このため、発達障害がそのまま政策の谷間におかれることが想定された。閣法からの提案が難しい案件であり、対応を図るためには政治主導で進めるしかない状況であった。[13]

　この後、2005年の障害者自立支援法の制定、2011年の障害者基本法の改正といった、障害者支援法制の大きな見直しが進められたが、これらの法律のなか

で精神障害に含める形で発達障害が規定されることとなった。精神障害に含める形という点に、抜本的見直しに至らなかったことがわかる一方、障害者自立支援法の第4条の定義に発達障害者支援法の定義が引かれていることは、発達障害者支援法の制定が障害者支援法制に発達障害を組み入れる布石となったことを示すものである。

4　発達障害者支援法制定の要因分析

　前節では、法律の制定過程を踏まえ、問題の認知、政治過程、政策案のそれぞれの要素を記述したが、ここでは、何が法律を制定させる要因となったのかを、政治的要因、政策内容、市民の役割、市民の影響力の4点から分析する。

（1）政治的要因

　冒頭で述べたように、発達障害には一般の理解も少なく、団体に資金・動員力があるわけでもない。実際、JDDネット役員への聞き取り調査では、ネットワークとして特定の候補への投票を推奨するといった会員への働きかけは行っていないことが確認された。法律の制定が超党派で行われているため、特定の候補への投票が呼びかけにくいためである。こうしたなかで制定に向けた要因を分析すると次の通りである。

　自民党には独自のルートで問題を認知し、発達障害について党内で勉強会を開いていた野田聖子衆議院議員がおり、自民党内のキーパーソンになった。野田議員はこれまでにも数々の議員立法を手がけてきた議員として知られ、自民党内のとりまとめに動いたことは成立に向けた動きを加速する大きな要因である[14]。

　自民党単独政権であれば、このような少数派の要望する政策には目を向けづらかったかもしれない。しかし、当時は公明党と連立を組んでおり、福祉の充実を掲げる同党に対し、自民党も柔軟な対応をせざるをえなかった。公明党に自身が広汎性発達障害の子どもをもつ議員がおりキーパーソンになったことは先に述べた。

　さらに野党であるが、問題が障害者福祉であり表立った反対はしづらい[15]。法

制化に向けて動いた団体の1つが愛知県を中心に活動する団体で、民主党の古川元久衆議院議員と接触しており、同議員が法制化に前向きだったことも超党派での立法を進める要因であった。[16]

こうした個別議員の動きを支える前提として、小選挙区制度の定着という政治的機会構造の変化がある。衆議院議員の選出が中選挙区制度であった時期は党内で複数の候補が争うため政策エリートは得意な政策領域をアピールし、支持母体を住み分けていた。しかし、小選挙区制度になってからは、広く有権者の要望に対応せざるをえない。つまり、従来の支持層以外へのアプローチや少数のグループへの対応も必要になっている。

また、小選挙区制度に付随して政権交代が現実のものとなり、市民からみれば、与野党どちらの議員にアプローチしても政策の実現の可能性が出てきていた。1990年代以降の連立の常態化も少数政党の議員を政策エリートに転化させる可能性を生じさせた。政策の内容についても与野党の差がなくなり、どの政党の議員へのアプローチにも抵抗感が生じにくい。これらのことは、政策エリートへの接触機会の拡大とみることができる。

実際、本事例では、後述するように野田議員の問題認知のきっかけは、市民からの直接の情報提供であった。当事者からの議員への接触は与党議員に留まらず行われていた。政治家への接触機会は拡大していることがわかるが、これらは市民の影響力を拡大させる要因となろう。

（2）政　策　案

一方で、発達障害者支援法は理念法ともいわれる。障害者法制全体の見直しを回避したなかで制定されたという事情とともに、具体的な支援策が「発達障害者支援センター」の整備以外になく、早期発見、教育、就労など各段階への国・自治体の関与を抽象的に定めたにすぎない。発達障害者支援センターはすでに事業レベルで設置が進められているものであったが設置が義務ではなく、現状を追認したものともいえる。[17]

本法の制定が既存の障害者法制の見直しを避けて行われたことは先に述べた。当事者には、障害者自立支援法、知的障害者福祉法、精神保健福祉法と併せた障害者法制の体系化への要望があるが、この点を回避したことが法律制定

のハードルを低くした[18]。この点を補足すると、近年基本法の制定が増えている。基本法は「特定分野の理念・基本的事項や国・地方公共団体等の関係者の責務を宣言するにとどまるもの」とされる[19]。発達障害者支援法は基本法を名打つものではないが、内容はこれに近く法律の制定のしやすさにつながった[20]。戦後から高度経済成長期にかけてつくられた日本の社会制度が制度疲労を起こし、これを再編しなければならないという事情とともに、財政が制約要因となり、いわゆる実定法をつくりにくくなっている状況があるとみられる。

政策エリートへの接触機会が拡大し、政策を実現する可能性は高まった。一方で、本事例においては、法律の内容について制定のハードルを下げて成立させたという点で、市民の影響力の限界も同時にみられた。政策内容については一定の妥協を強いられている。しかし、財政制約を遠因として法律に政策内容を具体化しきれない点は、政治・行政双方にわたる政策エリートの影響力の低下とみることもできよう。

(3) 市民の役割

次に、法律制定に至る市民の役割はどのようなものだったろうか。まず、実態を訴えて政策エリートである議員に問題を認知させるということがある。例えば、2004年6月、ブログで呼びかけ、「発達障害者支援法の成立キャンペーン」を行った。法律制定を望む当事者の声が少ないという指摘に応え、議員連盟の議員に選挙区の当事者から手紙を届けようという活動である。これに賛同するインターネットのサイトは30以上あり、議員へ数百通のメールを届けたと記録されている[21]。さらに、2004年11月、法案の採決の直前、「発達障害者支援法の成立を願う120人の当事者の意見書」が審議にあたる衆参両院の内閣委員会議員と、議連の議員に提出された。この後、衆議院内閣委員会では、民主党の議員が周囲から理解されない当事者の窮状を踏まえ啓発の必要性について質問している[22]。

特定非営利活動促進法の制定過程では法案の修正に係る提案が市民から行われ、議員や官僚と議論し内容に反映させることができた。これが市民との協働による新しい立法のあり方であるという議論がされたが[23]、本事例ではこのような役割は観察されなかった。本法は既往の障害者法制の見直しを回避し成立

優先させている。当初、当事者としては理解されないという現状を打破するための啓発・普及への期待が大きかったことから、市民の要望を反映するという点で、最低限のラインは越えた。しかし、理念法での制定を目指すという方向性については、議員側の判断によるところが大きく、法案の内容修正に係る提案というような役割は確認されない。[24]

（4）市民の影響力

　立法過程にみられる市民の影響力を冒頭に上げた影響力仮説から検討すると、次のようになる。

　第1の組織リソース仮説からみると、団体の構成人員や会費徴収の状況から、規模、財政の点にみるべきものがなかったことがわかり、団体として投票行動につながる呼びかけをしていないことも確認された。制定以前には複数の団体がそれぞれの動きをみせ、団体相互の関係の調整についてリーダーシップをとるものもいなかった。組織リソース仮説では、団体が大規模であるほど共通の利益が促進されず、小規模団体のほうが集合財をうまく供給でき、個人の貢献意欲を妨げないことが指摘されている[25]。しかし、会の活動を日常的に担っているのは、学齢期の子どもをもつ母親であり、時間や金銭といったリソースを子どものために使いこそすれ、政治活動によって子どもの生育環境の改善を図ることに関心の薄い層である。団体の日常活動は、小規模な地域活動を基盤にしているが、それが投票行動や特定議員の支援など政治活動の母体として機能することはなかった。

　一方、市民の影響力と資源について論じた先行研究では、情報や専門性、中立性といった要素が指摘されている[26]。本事例においては、団体の運営に参加する医療関係者、研究者といった専門家の存在が確認される。かれらは発達障害研究の第一人者として知られ、法律制定に向けて行政が主催する勉強会で講師を務め、自身の専門知識を政策エリートに提供する立場にあった[27]。自ら会の活動に参加する立場にもあり、当事者の要望や現場の問題をよく知っていた。専門知識と当事者の声の双方を政策形成の場に持ち込める貴重な人材であった。

　この点に関連して、河野（2009）が「現場知」と「専門知」について論じて

いる。「現場知」を「専門家集団がその職業を遂行するにあたって独占的にもっている知識」とし、「専門知」を「専門的状況の中で見出される個別の事象をその外部効果までふくめて相対的にとらえることのできる知識」として区別している。この議論では、政策過程や政治システムに影響力を及ぼしうるのは、「現場知」から転化した「専門知」であることになる。本事例では、専門家が現場の問題を知るなかで、自身の知見を「専門知」として高め、政策エリートに対する訴求力を強めたことになろう。市民の影響力の源泉について坂本治也は、「票と金」以上に情報力の重要性を主張している[29]。市民の影響力資源を、政策決定者のネットワーク、市民セクターのネットワーク、専門家のネットワークの三者をつなぐ結節点となるとするが、本事例では市民団体の構成員である専門家自らが結節点としての役割を果たしたと解することができる。

　第2の相互作用正当化仮説については、政治家、官僚という2種類の政策エリートへの接触活動として想定される。

　政治家に対しては、与党である自民党、公明党、野党第一党である民主党、それぞれへの直接の接触が確認された。議連の事務局を務めた公明党の議員が当事者であることは政策エリートの受容という点で決定的であったが、市民の影響力の行使というより、政策エリートのもつ選好との一致といえよう。さらに、自民党のキーパーソンはこの問題の認知のきっかけを「(障害の子どもをもつ)友人からのメール」[30]としている。政治家として相談を受けたというよりは、友人の子どもの学校でのトラブルの愚痴を聞く、というような形で問題を認知したことが記録されており、当事者との親密な関係が窺える。これは接触頻度の高さと言い換えられる。議連の議員全般に対しては、メールの送信や要望書の提出といった間接的な接触があるが、この効果は不明である。

　官僚への接触という点では、団体に係わる専門家や当事者が行政の勉強会に出席しており、高い接触頻度をもつことが可能であった。情報の結節点となった専門家の役割については先に述べたが、当事者である市民団体の代表らが勉強会に席を並べ行政から情報提供を受けることで、行政側の事情を理解し、要求が現実的になっていくことが当時の行政の担当者から指摘された[31]。自分たちの窮状を語る立場から、政策立案の実態を知ることで、行政官僚と共通の土壌で議論できるようになっていく過程を示したが、同時に政策エリートに受容さ

れる過程ともなっている。

　第3のバイアス構造化仮説については、今日の日本の政治に固有の状況として、連立政権が常態化し、政権交代が現実になるなかで、この仮説の前提となる政策エリートの構造配置が流動化していることを指摘しておきたい。本事例では野党である民主党議員への働きかけも確認され、さらに政策の内容に超党派の賛同を得ており、市民団体からの特定の政党への支持もみられなかった。2016年夏の参議院議員選挙を経て、自民党が単独過半数を回復したが、公明党との選挙協力は長期化しており、連立の常態化という政治的機会構造は選挙制度改革などの大きな変化がなければ継続せざるをえないだろう。

　第4の頂上団体統合化仮説についてであるが、本事例では法律制定の時点では障害種別ごとの団体が独自の動きをみせており、頂上団体として影響力をもつ上部団体はなかったことが確認された。障害種別の団体それぞれの運営も、ヒエラルキーを形成するほど強固な組織をもっているものはない。

　以上、本事例においては、当事者である政治家との選好の一致がみられたこと、政治家・官僚という2つの類別の政策エリートへの接触と受容が法律制定の要因になっていること、市民団体のリソースとして専門知を有する専門家の存在が明らかになった。

5　今後の課題

　ここまで、発達障害者支援法制定の要因を分析し、立法過程における市民の役割や影響力を拡大させる要因を明らかにしつつ、その限界もみてきた。本事例では、立法後の過程に市民の役割と影響力の変化について示唆的な事項が観察されるため、その状況について論じるなかから、今後の課題を検討したい。

　法律の制定後も、条文の理念を具体化するための市民の活動は続けられている。同法では附帯決議で3年後の見直しが規定されており、JDDネットの設立はこれに向けた動きであった[32]。先に挙げた既往障害を含めた障害者法制の体系化のほか、法律で規定された早期発見、教育、就労といった発達の各段階での支援を具体化するための支援体制の整備、このための人材育成などの要望を挙げている。

さらに、地域レベルでも発達障害者支援センターの整備について市民が要望書を提出し、法律で定められた理念を実現するための活動が行われている。当事者の間では法律に具体的な施策が記載されていないことから、自分たちで制度、施策の肉づけが必要だとの認識があるという。[33]

法律制定をめぐって市民、政策エリートそれぞれの影響力に限界があったことをみてきたが、これらのことは、市民が政策の実施段階で参画し、影響力を行使しなければ、要望を具体化することができないということの表れでもある。政治的機会構造の変化に基づいて、立法過程において影響力が拡大する可能性が広がる一方で、それは一定の限界を伴っていた。このため政策実施段階で市民が参画することが必要になるという役割の変化が観察される。

政策実施段階における市民参加の必要性や機会の増加、その実態については多く論じられているが、立法過程と社会過程の連続性に注目して参加の意義や役割を論じた論考はあまりみられない。市民の政治参加に係わる視野を広げ、法律制定から政策実施の相互作用をみながら、影響力を最大化する参加の方法を論じることは、国政における市民の役割について新たな視点を提供することになろう。

6 小　括

本章では発達障害者支援法の制定過程を取り上げ、市民の役割と影響力を明らかにすることを試みた。

発達障害の概念のなかに包括される障害は複数あり、法律制定に向けては小規模な団体それぞれが独自の動きをみせていた。発達障害の認知度は低く、自閉症以外の障害が当事者等に知られるのは1990年代に入ってからで、一般に知られたものでもなかった。

それでも、主要政党への接触が行われ政策の実現可能性は大きく高まった。しかし、障害者自立支援法の制定によって既往の3障害に対するサービスの統合が進められるなかで、行政は新規の立法に後ろ向きであった。

発達障害の団体に資金・動員力はなかったが、与党を中心とした超党派の政治家がこの問題を受容し議員提出での法案成立を目指したこと、法律の内容に

具体的な支援策を規定しないことが政策案として採択されたこと、全面的な障害者法制の見直しを避けたことが法制化の要因として挙げられる。

本事例がおかれている政治的機会構造としては、小選挙区制度によって、議員が少数者へも対応せざるをえなくなっていること、連立の常態化や政権交代の現実化によって、政策エリートの構造配置が流動化しており、市民から議員への接触機会が開かれたものになっていることがある。政治的機会構造は総じて市民の影響力を拡大させる方向に向いている。

市民の役割は政策エリートへの陳情・要望活動が中心となったが、市民団体のリソースとして活動に参加する専門家の存在があり、専門知識と現場の問題の双方を政策形成の場に持ち込んだ。政治家への接触は与野党に対して行われていたが、与党議員が当事者であることは政策エリートの受容という点で決定的であった。市民の影響力の行使というより、政策エリートのもつ選好との一致である。官僚との接触機会としては、行政の勉強会への出席があったが、こうした機会を通じて市民が政策立案の実態を知ったことは、政策エリートに受容される過程ともなった。

今後の課題として、市民の政治参加に係わる視野を広げ、法律制定から政策実施までの相互作用をみることの必要性を挙げた。

1) 京（2009）は、日本で利益集団の影響力について研究した先行研究が乏しい理由を挙げ、先行研究として村松・辻の団体調査、大嶽による事例分析の2種類を挙げている。
2) 大嶽（1996）第1章、大嶽・鴨・曽根（1996）52-62頁、大嶽（1990）123-127頁等。
3) Berry（1999）chp. 6.
4) Dahl（1961）pp. 226-227.
5) 村松・伊藤・辻中（1986）219-223頁。
6) 健常者と見分けがつきにくいため、なまけているなどと誤解を受けることが多く、法制化による啓発効果が期待されていた。
7) JDDネット（http://jddnet.jp/）。
8) カイパパ（2005）98頁。
9) 社団法人日本自閉症協会ホームページ（http://www.autism.or.jp/hfasp05/20021226koukinou.htm）。
10) Kingdon（2003）.
11) 自民党の南野千恵子参議院議員とともに、公明党の浜四津敏子参議院議員が立法化に動いた。
12) なお、このことについて2008年に違憲訴訟が提起されることとなった。2010年1月に

同法を廃止したうえで新たな法制度を整備することで合意し、和解が成立。
13) 発達障害者向けの法律をつくっておくことによって将来的な福祉体系の見直しの布石にしたかったという福島議員の意図が記録されている。カイパパ（2005）93頁、議員談。
14) 野田聖子議員は選択的夫婦別性の提唱者として知られ、議員提出法案の策定に向けて動いたことがある。他にも児童ポルノ処罰法、身体障害者補助犬法等の議員立法に係わった実績がある。
15) 法律制定の過程では、早期診断が隔離とレッテル貼りを進めることになるという理由から反対した時期もあった。
16) 古川議員は発達障害の支援を考える議員連盟設立準備会の副会長に就任している。
17) 当事者の間では、給付も手帳もないなか、レッテル貼りと差別が進むマイナスの効果が懸念されていた。カイパパ（2005）、101頁。
18) 障害者自立支援法のなかに発達障害が位置づけられたが、精神障害に含む形になっており、同法に定めるサービスを利用するためには、精神障害者手帳を取得することが必要となる。この枠に入らない発達障害者が行政の支援サービスから取りされる事例が生じている。
19) 大森・鎌田編（2006）51頁。
20) 市民立法の成立の方策を検討するなかで、寄本（1998）123頁でも議員立法による基本法の制定の可能性への指摘がある。
21) カイパパ（2005）20頁。
22) 当事者はこの質問を当事者の声を代弁するものと受け止め、意見書の効果と捉えている。カイパパ（2005）36頁。
23) 小島（2003）240頁等。
24) 市民団体への聞き取り調査から。
25) Olson（1971）p. 22.
26) 浅野（2007）、藤村（2009）、坂本（2012b）。
27) 政府が必要としたり、欲している専門知識は、交渉と取引において開かれた接近チャンネルを開拓する。Ball and Millard（1986）p. 57.
28) 河野（2009）19-20頁。
29) 坂本（2012b）160頁。
30) 発達障害の支援を考える議員連盟編（2005）176頁。
31) 聞き取り調査から。
32) JDDネットからは法律制定後、ほぼ毎年、継続的に政府への予算要望事項を挙げていたが、議連の総会は2008年以降2011年に再開されるまで行われていなかった。法律制定時に中心になって活動した議員の落選や与野党の逆転など、政治環境の変化のためである。
33) カイパパ（2005）127頁。第7章では、自治体に具体的な提案を挙げる実践報告がまとめられている。

第5章
自殺対策基本法の立法過程
▶政策の窓モデルによる分析

1　はじめに

本章では自殺対策基本法を対象に制定の要因を明らかにする。まず、本法制定に至る問題の所在を確認したうえで、ここでの方法について挙げておく。

（1）問題の所在

1998年、自殺者数が初めて3万人を超えたことが報道された。前年の2万4391人から3万2863人へと急増したのであるが、その後自殺者数は3万人を超える水準で推移した。これは交通事故死の6倍にあたり、自殺率（人口10万人あたりの自殺者数）は米国の2倍、英国の3倍であり、先進国のなかで群を抜いて高かった。

自殺の原因としては、多重債務、労働環境の悪化、介護疲れ、いじめなどとされるが、1998年における急増の背景として、前年におきた山一證券の自主廃業、北海道拓殖銀行の経営破綻に象徴される経済環境の悪化が挙げられる。

WHOは自殺を「避けられる死（avoidable death）」として社会的な対策の必要を提言しているが、日本では「個人の問題」という意識が強かった。国をあげてこの問題に取り組んだ結果、10年かけて自殺率を3割減少させることに成功したフィンランドの例もあり、社会的な関与が望まれるところであった。

日本でも対策をしていないわけではなかった。自殺は全人的な問題であり、経済や法律、医療、福祉、教育などの各領域からのサポートが必要なはずだ。しかし、日本の対策は厚生労働省が中心となり、うつ病や職場のメンタルケア対策に偏重していた。対策の基礎となる実態調査さえ、省庁間の縦割りの弊害

があり実施できなかった。また、1人の自殺者の背後にある潜在的な自殺者、深刻な影響を受ける遺族の心のケアといった問題には目を向けられず、社会的な対策の網目から放置されていた。

このような問題があり対応を図るために、自殺対策基本法は制定された。同法では、自殺を個人の問題でなく社会の問題として取り組むことが定められた。対策の総合的推進を謳い国や地方公共団体の責務としていること、親族等までを支援の対象としていること、関係機関の連携を定めたこと、予防・発生時・事後・未遂という各段階への対応を定めたことで、対策が大きく進展することに期待がもたれるものとなった。

本法の制定には市民団体によるアドボカシー活動が重要な役割を果たした。当事者である遺族はその事実を受け入れるのに時間がかかり、潜在化しがちである。自殺の原因が経済的なものであった場合、遺族にも余裕がなく、社会的な活動に時間を割くことができない。このように問題が社会化されづらい構造をもっていた。このため、各地で遺族をサポートしていた支援団体や問題を解決するために設立された市民団体が法制化に向けた活動の中心になった。当事者が表に立ちにくいという状況のなかで、何故、本法は成立に至ったのであろうか。

(2) 方　　法

自殺対策基本法が成立に至った理由を明らかにするため、政策の窓モデルを採用し分析を行う。政策の窓モデルについては第3章で取り上げた。衆参両院にねじれが生じ、政権交代の可能性が現実味を帯びつつあったなかでの本法の制定を「奇跡に近い」[2]という声があったが、本法が制定された理由として偶発的な要素があるのではないかと考えたためである。第3章では合理的行為者を想定しつつ政策起業家の輩出条件を検討したが、ここでは政策起業家の役割に焦点をあてるとともに、混沌とした流れのなかで市民がどのような役割を果たしたのかを併せて明らかにしたい。

以下では、法律制定までの経緯を記述した後で、法制化の要因を分析する。

2　制定までの経緯

　自殺対策については前節でみたような問題があったが、法律制定に至るまでの道筋は長い。以下では、法律制定までの経緯を概括しておく（表5-1）。

　自殺対策基本法の制定に至る萌芽は1970年代に遡ることができる。医師や宗教関係者による制定をめぐる動きがあったが大きな流れにはならなかった。それが社会問題として知られるようになったのは、1990年代に続いた過労死裁判とその原告側勝訴の判決を通じてであった。さらにその認知は、1998年の「自殺者年間3万人」の報道と、それが前年に続いた金融機関の破綻との関連で論じられたことで一挙に高まることとなった。

　この後、市民、政治・行政、それぞれに対策を社会の問題として行うことに向けた独自の動きが発生した。

　市民の動きとしては、交通遺児等の支援を行っていたあしなが育英会のなかに、自死遺児のサポートグループが組織され、ケアのために手探りの取り組みが行われていた。しかし、問題の深刻さを受け止めかね、社会をあげたサポートの必要性へ認識を深めていくこととなった。2001年夏、あしなが育英会の代表が民主党の山本孝史参議院議員に自死遺児問題の解決を訴えたのが、政治との接点の最初である。

　潜在化しがちななかでも当事者自身の活動があった。同じ2001年10月、NHKの報道番組で自死遺児問題が報道され、自死遺児自らが顔と名前を公表し、対策の必要性を訴えた。その年の12月には7名の遺児が小泉首相へ直訴の機会を得た。

　この間、行政からは自殺者数の削減目標が提示され、「自殺防止対策有識者懇談会」が組織された。対策への提言が発表されるも大きな動きにはならず、対策を総合的に推進するための法律の整備が望まれるようになった。

　政治の動きが具体化したのは2005年2月、参議院厚生労働委員会にて専門家3名をよんで意見聴取を行ったことである。5月には参議院議員会館にて国会議員有志とNPO法人自殺対策支援センターライフリンク（以下、LL）の共催により「自殺を防ぐために今私たちにできることは」と題したシンポジウムが

表5-1　自殺対策基本法の制定まで

年　月	政治・行政	市民・社会
1977年		自殺予防行政研究会と日本いのちの電話連盟で「自殺予防のための施策に関する要望書」を関係省庁に提出
1990年代		過労自殺裁判にて原告側勝訴判決続く
1998年3月		自殺者数3万人超える。
2002年4月	「健康日本21」（国民健康運動）にて自殺者数の削減目標	
2001年　夏	あしなが育英会会長が民主党・山本孝史参議院議員に自死遺児問題を示唆、山本議員が独自調査開始	
10月		NHK『クローズアップ現代』にて自死遺児の1人が顔と名前を公表
12月	7人の自死遺児が顔と名前を公表し小泉首相に自殺対策の必要性を訴える	
2002年2月	厚生労働省「自殺防止対策有識者懇談会」	
11月	国会の代表質問で鳩山由紀夫民主党代表が自殺を取り上げる	
2004年7月	参議院議員選挙で民主党大勝	
8月	民主党自殺総合対策ワーキングチーム発足（座長・山本議員）（以下、WT）	
10月		特定非営利活動法人　自殺対策支援センターライフリンク発足（以下、LL）
2005年2月20日		第1回　自殺対策シンポジウム開催（LL）
2月24日	参議院厚生労働委員会にて自殺対策の専門家から意見聴取	
5月		フィンランド国立社会福祉保健研究開発センター「フィンランドにおける自殺防止プロジェクト」（1992-96）を翻訳（LL）
5月30日	参議院議員会館にて、第二回自殺対策シンポジウム開催（LL共催）。尾辻厚生労働大臣も出席し、国として対策に取り組む旨発言	
7月19日	参議院厚生労働委員会「自殺総合対策決議」	

9月		LL「世界自殺予防デーシンポジウム」開催（WHO協賛）
	自殺対策関係省庁連絡会議設置（局長級）	
11月	厚生労働省との意見交換会、LL「地域における自殺対策ネットワーク」モデル案発表	
12月	「自殺予防に向けての政府の総合的な対策について（案）」（自殺対策関係省庁連絡会議）発表	
2006年1月	山本議員よりLLへ法制化への連携呼びかけ	
3月	LLへ議員立法案打診	LL「自殺対策の法制化を求める3万人署名」呼び掛け
5月15日	「議員有志の会」に対して「自殺対策の法制化を求める要望書」提出（22団体署名）	
22日	山本議員が参院本会議で自殺・がん対策法の必要性を訴える。がん告白。	
6月7日	10万1055人分の署名を国会に提出	
8日	自殺対策基本法案が参議院内閣委員会で可決	
9日	参議院本会議で可決	
14日	衆議院内閣委員会で可決	
15日	同本法が衆議院本会議で可決、成立	
10月28日	同法施行	

開催された。これには当時の厚生労働大臣も出席した。この場で、現場で活動する12団体が署名した「自殺総合対策の実現に向けて―自殺対策の現場から『国へ5つの提言』」が発表され、厚生労働大臣から「国として対策に取り組む」旨の発言があった。さらに7月、参議院厚生労働委員会にて「自殺に関する総合対策の緊急かつ効果的な推進を求める決議」が全会一致で行われた。

その後2006年4月にはLLによる署名活動が開始され、6月には10万人分の署名が国会に提出されるなど、法律制定に関する機運が盛り上がった。こうした後押しを受けて、6月には参議院内閣委員長提案の議員立法として参議院で可決、続いて衆議院でも可決、成立に至った。

3　法制化の要因

　以上のような過程を経て本法は成立するが、この法律の制定には困難がつきまとった。2002年11月には当時の民主党鳩山由紀夫代表が国会で自殺対策を求めた。自殺は与党の新自由主義的な経済対策の帰結である、という問題設定をすれば、超党派による法律提案はかなわなかったはずだ。2006年4月には民主党代表に小沢一郎が就任し与野党の対決色を強めていたため、政治的なカードに容易に転化しうる状況があった。

　このような状況の下で、本法が成立に至った理由は何か。以下では、モデルに係わる因子を整理し、法制化の要因を分析し、市民の役割に関する事項を検討した後、市民立法における政策起業家の役割について考察する。

（1）モデルに係わる因子

　ここまで制定に至る経緯を記述したが、政策の窓モデルに基づき、立法に至る過程を問題の流れ、政策の流れ、政治の流れの3つから整理すると次のようになる。

1）問題の流れ

　1970年代から問題は知られていたが、1990年代の過労死裁判が自殺を企業や組織における過酷な労働の結果として認定し、社会問題化への端緒をつけた。さらに、1998年の3万人報道が社会問題としての認知を急速に進めた。しかし、自殺をタブー視する風潮があったこと、これを個人の問題であると考えるものも多かったこと、遺族も問題を表に出したがらない傾向があったことなどから、積極的な議論を喚起しにくかった。それでも、根本的な原因が特定できないことは逆説的ではあるが、与野党の垣根を崩し、法制化につなげる要因となった。生命に係る問題は反対しにくく、超党派で取り組むことの大義になりうる。

　この問題の解決を世論の喚起によって図ろうとしたのは市民団体であった。本法の制定に関しては、要所、要所でマスコミを通じた報道が行われた。メ

ディアでの自死遺児のカミングアウト、街頭での署名活動、実態調査の結果提供など、マスコミが取り上げやすい材料の提供が意識された。市民団体の中心になって活動していたアクターがマスコミ出身者であり、メディア対策に力が入れられていたためである。

メディアの報道と政治への影響力に関してその効果を論じたまとまった業績はあまりなく[4]、実際どの程度の効果を発揮しているのかについて確証はないが、リソースの少ない市民団体がマスロビイングを有効な手段として位置づけて積極的に活用しようとした事実は確認される。

一部の市民団体は早くから国会議員にアプローチし、政治家による問題の認知に成功していたものの、マスロビイングに力を入れていた団体と政治の流れとは接点を得られない期間が長く続いていた。

2) 政策の流れ

政策としては厚生労働省がうつ病対策を通じて行ってきたが、経済、社会環境等を含めた複合的な対策を提案することはなかった。中小企業への金融支援、自殺予防への啓蒙活動など個別の省庁で行われている対策はあったが、複合的に展開する機会に欠けていた。

官僚組織は専門性や情報の独占、継続性をリソースとして政策立案を主導してきた。その行動原理はしばしば、省庁の組織や権限、予算の拡大という組織利益の追求として説明される[5]。日本の自殺対策は厚生労働省が中心となったうつ病対策が中心だった。自殺の原因は複合的であるが、最終的にうつが契機となって自殺に至るものが多いことが明らかになっており[6]、対策の中心が厚生労働省となることは妥当であったろう。しかし、本法の制定に関して、厚生労働省が自殺対策に積極的に取り組み、自己の組織利益につなげる行動があったかといえば、表立ってはみえなかった。

これには、複合的な原因に対して決定的な対策がとりにくくノウハウが確立されていないこと、対策と効果の連関がみえにくいため予算拡大に向けた折衝の困難が予想されたことが考えられる。法律の制定後は総合的な対策を推進するという趣旨から内閣府が自殺対策を担当することになっており、権限の移行という意味で厚生労働省の組織利益と相反することも挙げられる。しかし、内

閣府は2001年の省庁再編で政治主導強化の目玉として位置づけられた総合調整機関であるが、担当相が多くの業務を兼務し各省庁の寄り合い所帯であるため、その政策推進力には限界があるという問題が指摘されていた。実際、本事例においても内閣府が推進力になることはなかった。

このように官庁のなかでの推進力がみえない状況に対しLLは、独自の提案を行った。医療関係者や研究者、遺族のネットワーク化を図る中核的な存在となり、外国の対策を紹介し、専門家の協力を得ながら自殺の実態を探る調査活動を通じて有効な政策形成のために議論を深めた。個別対策の限界を指摘し、総合的な対策の必要性を訴えた。

あしなが育英会から最初に問題認知を受けた山本議員も参議院法制局を通じて独自の調査を行い、法制化の可能性を探っていた。こうした作業を通じて基本法での制定を目指すこととなる。基本法が制定されたとしても、具体的な事業が法文で担保されているわけではなく、実質的な予算確保につながるかどうかは明確ではなかった[7]。政策が実現できるかどうかには、コストがかかりすぎないという現実性が重要であるが、基本法として政策を実現させるという現実的なハードルを設定した点は、本法が制定された要因といえよう[8]。

3）政治の流れ

政治の流れをつくった政治家としては、自殺対策に前向きな取り組み方針を示した厚生労働大臣の尾辻秀久議員（自民党）、与党の取りまとめにあたった参議院厚生労働委員会与党筆頭理事の武見敬三議員（自民党）、野党の取りまとめにあたった同野党筆頭理事・山本議員ほか、「自殺防止を考える議員有志の会」に参加した超党派の議員がいる。

あしなが育英会が最初にアプローチをしたのは民主党の山本議員であり[9]、自ら「自殺の増加は政治の失敗という政治的批判を乗り越えたことが大きな原動力[10]」としているように、新自由主義的な政策に対抗する色彩が強い野党的な提案に、いかに自民党の協力をとりつけるかが成立の鍵となった。

一方で、官僚がこの問題に取り組むことが難しいだけでなく、政治家にとってもこの問題に取り組むモティベーションは弱い。当事者が潜在化し政策の対象がみえにくく、対策の効果もわかりづらいためである。野党議員には、与党

が積極的に取り上げない問題を取り上げ、アジェンダ化を図るという役割があるが、この問題の解決に正面から取り組むよりは、与党の攻撃の材料にするほうが、当時の政治状況からみれば得策であった。

そうしたなかで、参議院厚生労働委員会が中心になり、最終的には内閣委員長提案として、与野党の合意を得た形の議員立法として提案された。これに至る過程は属人的な要素を抜きにしては説明がつかない部分もあるが、[11]一般化できる要素としては、参議院からの提案であり、なかでも立法活動の中心となった議員3名が比例代表区選出であったことで、選挙区を抱える議員よりは、選挙対策や与野党の政争に煩わされず政策を議論できる立場にあったことがあろう。参議院の独自性を発揮したいという点で与野党を超えた合意があり、衆議院開会中に参議院での審議を先行するといった異例ともみられる経過があった。

こうした状況を支える政治的機会構造という点でいえば、2004年7月に行われた参議院選挙で民主党が獲得議席で自民党を上回って大きく議席を伸ばし、二大政党の成立に期待がもたれた時期であった。さらに、1990年代前半から連立が常態化しており、与党や官僚機構のなかに野党的な提案を取り入れていくことに対する拒絶感が弱くなっていた点が挙げられる。

（2）政策の窓モデルからの分析

ここまでみたように、問題の流れ、政策の流れ、政治の流れは独自のものであった。特に、マスコミを通じての世論の喚起に力を入れていたLLは当初、政治家との接点をもっていなかった。あしなが育英会を媒介として政治の流れと問題の流れは接点があったが、大きな流れにはなっていなかった。3つの流れは何故合流したのであろうか。

1）政策起業家の特定

政策の窓モデルでは、3つの流れを合流させるのは政策起業家であるとする。本事例では、この役割を担ったのは山本議員であるとしたい。2005年5月に参議院議員会館で国会議員有志とLLとの共催によるシンポジウムが開催された。厚生労働大臣が出席し国としてこの問題に取り組む姿勢が示されたが、

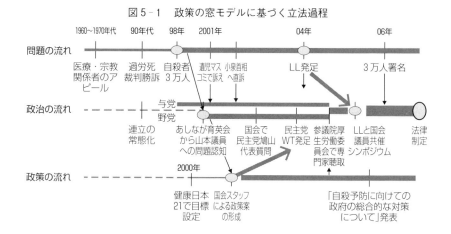

図5-1 政策の窓モデルに基づく立法過程

市民からの要望であることを国会内に周知し、与野党の対立を超えてこの問題に取り組むことがアピールされた。

これは山本議員からの依頼に市民団体が応えたものとされる。[12] 問題認知を受けて国会内で独自の動きをしていた同議員が、国会内だけの活動に限界を感じ、連携できそうな市民団体を探した経緯がある。また、参議院法制局にいち早く調査を依頼し、政策案をとりまとめさせた事実も確認されている。問題の流れを受け、政策の流れを作り出し、政治の流れにそれを持ち込むという役割を果たしたものと考えられる。

政策起業家の資質として挙げられるものは3つあり、第1に専門家あるいは総理大臣や委員会の委員長といった権威ある政策決定の地位にあること、第2に政治的なコネクションをもち、技術的な専門性を政治の常識と結びつけられること、第3に一番重要なのは粘り強いことだという。[13] 同議員は野党に所属し、第1の点は満たさないが第2の点についていえば、政治の流れの渦中にありコネクションをもっていた。[14] 第3の点については定性的な判断にならざるをえないが、大学時代から交通遺児救済運動に係わっており多年にわたり命の問題に関心があった点を挙げておく。

2）政策起業家の役割

　では、山本議員は政策起業家としてどのような役割をもっていたのであろうか。

　政策の窓モデルは大きな変化を想定し、それが何故起こるのかを説明する。制度を考えれば、個人や小さなグループが政策過程を操作し望ましい政策を実現することは難しい。法制度には安定性があり、一度つくられれば期待される効果を政策過程の参加者にもたらしそれを確かなものにするために、大きな変化が起こりづらい。このことは合理的行為者の行動として説明される。そうしたなかで大きな変化が起こるのは、政策決定者に情報を与える政策コミュニティの役割があるためである。政策決定者がすべての問題を知悉できるかといえばそうではなく、新しい知恵を得ることが大きな変革につながる。これを与えるのも政策起業家の役割である。山本議員は野党に所属し、政策決定者とまではいえないが、与党議員とネットワークを構築するなかで政策コミュニティを形成し、政策決定者にこの問題の重要性や先駆性を提示しえた。このことが政策の変革につながった。

　以上の要因を市民団体との関係から考えてみたい。マイケル・ミントロ（Michael Mintrom）（2000）らは政策起業家にとって政策ネットワークの存在が重要な資源であることを明らかにした。政策起業家はここから政策のアイデアと変革の必要性を学ぶとともに、政策決定にあたる集団の内部や周りにあるネットワークを使って、近い政策決定者に問題を認識させ、特定の政策革新について考えさせ、それを起こすことの利点を説得する。あしなが育英会から問題の認知を受けた後、直接の政策決定者となる自民党議員に協力を求める一方、議員相互の調整のなかで限界を感じ、LLとの連携を求めた。LLとの共催によるシンポジウムの開催を通じて国会の内外にその問題の重要性をアピールした点は、ネットワークを活用し政策決定者に問題を認識させるという先行研究から析出された政策起業家の役割に一致するものと考えられる。

　併せて、政策起業家の役割としてアジェンダの設定があるが、この問題を与野党の対立軸にしたいという野党内の声を押さえ、人道的な問題として設定したことも政策起業家の役割であった。

　こうしてみると、政治の流れのなかで政策決定者と近かった政策起業家の役

割の大きさが強調される結果になるが、政策起業家の活動は必ずしも民主主義の活性化に寄与しないという問題がある。政策起業家は多元主義的な均衡を壊し、新たな対向勢力を政治過程に参画させる役割を果たす点において民主主義の活性化に寄与する。しかし、別の面からみれば、利益集団の利益を受けて動くブローカーと変わりがない。

　本事例に関しては、政策起業家が国会で自身の癌を告白して、本法とがん対策基本法の制定の必要を訴えたというような経緯があり、この役割が過剰に印象づけられる面があるが、本事例における政策起業家はブローカーとどこが違うのだろうか。

　この点について、多様なネットワークに支えられているか、利益よりも信念に基づくものなのかという点が両者を区別するとされるところから考えたい[17]。本事例では政策起業家が最初は自身の出身団体から問題の認知を受け国会内で活動していたが、限界を感じるようになり、多様な主体との連携を模索するようになっていった。政策起業家の行動はアドボカシー等を行う団体、各地で遺族の支援に取り組む団体の活動に支えられた。

　また、利益よりも信念に基づいていたという点も強調される。本書では、公益を求めるもの、社会的な弱者、少数者等を政治主体として想定して、こうした主体が望む政策の実現にどのような因子が働くのかを明らかにしようとしてきたが、本事例では自殺対策は人道的な問題として設定された。公益の実現に関して信念をもった政策起業家の存在が政治過程を開く因子となっていた。

（3）市民の役割

　前節のようにみてくると、立法過程における政策起業家としての議員の存在が強調されるが、市民の役割はどのようなものであったのだろうか。遺族のケアに取り組むなかから当事者の困難を知り、問題を議員に訴え認知への契機をつくったことは不可欠な役割だった。

　また、省庁縦割りの下で有効な政策案を提示しきれないなかで、対策の連携による総合的な対策が必要だという主張は、時宜を得たものとなった。問題が複雑化、複合化する現代社会のなかで、省庁の管轄を超える必要性を主張したことも市民の役割として挙げられよう。

一方で、マスコミでのアピールという問題認知へのアプローチが取られつつも、政治過程との合流は議員からの働きかけによるものとなり、基本法での法制化という具体的な政策案の方向性も議員が主導した。こうした点で市民の役割には限界があった。

しかし法律制定後、市民団体の活動は活発化した。予算の充実や啓蒙活動の効果など法律制定により環境が変化したこともあるが、本法が基本法であり実質的な支援を獲得し法律制定の成果を定着させるためには、継続した活動が必要であることが市民団体の間で認識されていたためである。こうした市民の役割の変化は、前章でみた発達障害者支援法の制定後にもあった。

例えば、LLの活動をみると、2007年7月から翌年3月までの間に「全国キャラバン」と称した自殺をテーマにしたシンポジウムを全47都道府県で実施した。2008年7月には、「自殺実態解析プロジェクトチーム」を組織し「自殺実態白書」を作成、自殺の危機経路に一定の規則性があることや地域ごとの特性を解明した。2013年10月には若年層の抱える問題に焦点をあてた「就活自殺」の実態調査が反響をよんだ。

行政との関係では、2006年11月には政府の「自殺総合対策の在り方検討会」、2008年2月には「自殺対策推進会議」にLLの代表者が委員として参加し、こうした場での提言が警察庁の自殺統計原票に関するデータの一部公開につながった。

さらに各地で活動する当事者団体、支援団体、専門家団体が参加し、2010年9月には「自殺対策全国民間ネットワーク」が発足、団体相互の交流により地域に偏りのない支援活動の底上げや提言活動の強化が目指されることとなった。

法律の施行直後の予算の変化は先にみたが、その後の経済環境の変化のなかで、2009年には100億円に及ぶ政府による地域自殺対策緊急強化基金が設定されるなど、対策は予算面で充実した。これを受けて、足立区、荒川区のように市民団体と連携して対策の充実に先駆的に取り組む自治体が出てくる一方で、自治体の取り組みに温度差があることが、関係者の間で次の問題として認識されるに至った。市民団体相互、自治体相互の連携が進みノウハウの共有が図られるとともに、全国規模での団体も設立された。法律改正の必要性を訴える声が高まった結果、2016年3月には法律が10年ぶりに改正され、自治体ごとに自

表5-2　法律制定後の市民団体の活動 (一部)

年　月	市民団体	国、自治体
2006年10月		自殺対策基本法施行
11月	自殺総合対策の在り方検討会に委員参加 (LL)	
2007年7月〜08年3月	全国キャラバン (シンポジウム) 47都道府県で実施 (LL)	
2008年2月	自殺対策推進会議に委員参加 (LL)	
7月	『自殺実態白書』発表 (LL)	
10月		自殺対策大綱改定
2009年5月	足立区と連携協定 (LL)	地域自殺対策緊急強化基金設定 (100億円)
2010年3月		自殺対策月間設定
9月	自殺対策全国民間ネットワーク設立 (2011年9月現在62団体参加)	
10月		住民生活に光をそそぐ交付金 (DV、自殺等、1000億円)
2011年7月		自殺のない社会づくり市区町村会発足 (以下、市町村会) (検討中含む54自治体参加、事務局LL)
9月		市町村会、政府に「自殺のない社会づくり推進のための要望書」提出
10月		基金への積み増し (37億円)
2012年3月	「荒川区自殺未遂者調査研究事業」結果公表 (委託先、LL)	
5月		市町村会、自殺対策大綱改定に向け「自殺対策を推進する国会議員有志の会」へ要望
8月		自殺対策大綱閣議決定
2013年10月	「就活に係わる意識調査」("就活自殺") 結果公表 (LL)	
11月		自殺対策議連、首相に緊急要望
2016年3月		自殺対策基本法改正
4月		同法施行
		対策の所管厚生労働省へ、自殺対策推進室設置

殺対策の計画づくりを義務づけることとなった。

　このようにしてみると、本事例では立法過程における主要なアクターは議員としても、市民の役割はむしろ立法後にあったともみられる。

市民立法について考察した藤村コノエ（2009）は、2つの事例の検討を通じて、立法過程における市民の「実質的な参加」が限定的であることを明らかにした。本事例でも立法過程における役割は限定的であった。一方で、基本法という枠組みを生かし、その精神を社会に定着させ、政策効果を実質的なものにするための立法後の役割が観察された。

（4）市民立法における政策起業家

ここまで政策の窓モデルに基づいて政策起業家を特定し、本事例での役割を検討するとともに、市民の役割についてもみてきた。2つの要素を踏まえて、市民立法における政策起業家の役割について考えたい。

序章で、日本の政治過程は政策過程とイデオロギー過程の二重構造となっており、野党や労働組合の影響力はイデオロギー過程に留まるとされる政治過程のモデルについて言及した（2〜3頁）。これは当時の社会党の役割を観察するなかから導かれたものであったが、今日、与野党がイデオロギーで対立することは少なくなり、イデオロギー過程の意味は減少した。本事例で観察されたのは、さらにその外側にある社会過程の存在であり、市民団体の活動はここが中心となっていた。

先の藤村によれば、市民立法の定義を「問題の気づきから成立後の施行状況を監視・チェックし必要があれば法改正を行うことまで含めた一連の政策提言活動」（藤村（2009）28頁）とすることが提案されていた。市民の提言活動を強調するこの立場に筆者としても共感しないわけではないが、この研究からはアドボカシーを強調する一方で、市民団体の社会過程での活動がみえてこない。本書ではアドボカシー活動とともに、社会過程における法の精神を生かす活動を市民立法における市民の固有の役割として強調したい。

イシュー・ネットワーク論に与すれば、このなかでアクターとして役割を果たすためには情報の発信や理論武装が必要である。問題の発見や要望の提示を請願の過程とするならば、これに加えた知的な営みによって、市民は政治家や官僚といった立法過程を独占していたアクターに対して対等な立場で発言することができる。

このことは第4章で現場知と専門知をもつ専門家の役割として指摘したとこ

図5-2 市民立法における政策起業家のイメージ

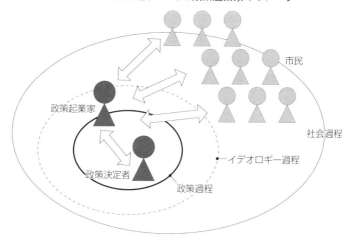

ろである。本事例についても社会に向けたアピール活動とともに、外国の自殺対策の文献の紹介や大学の研究者を交えた実態調査といった理論武装を行っている。詳しく言及できなかったところもあるが、ここまで本書で取り上げたいずれの事例にも大学の教員や弁護士など専門家が係わっていた。序章で取り上げた寄本による「研究NGO」の提案も市民の自主的な調査活動を推奨するものであった（14頁）。

　このような営みは、現場での活動を踏まえたものでなければならないことを強調したい。官僚のもつ専門性との差異化は、社会の中で有効に機能するか否かの検証を経ているかどうかにあると考える。この点が市民からの提言が尊重される理由である。

　しかし、直接請求の制度がない日本のなかで市民立法を考えると、政策過程に持ち込む役割は議員等との連携によらなければならない。この点でアドボカシーに比重をおいた市民団体の役割は一定の限界を伴わざるをえないのである。かつての野党系列の団体は妥協や調整を強いられる政策過程に背を向け、イデオロギー過程での活動を指向したが、市民団体がアドボカシーに比重をおくことでこの役割を踏襲する可能性がないではない。だからこそ社会過程での活動の重要性が強調される。

このように市民の役割を設定したうえで、再び政策起業家の役割についてであるが、日本の立法過程における政策起業家の役割は、政策過程と社会過程をつなぐことにあると考える。政策過程のなかにあって、あるいは接点をもちながら、制度上社会過程に留まりがちな市民の要望を取り上げ、政策事項に置き換え政策決定者にこの必要性を伝えるという点を、政策起業家の役割として提示したい。序章で市民立法は議員立法との関連で論じられていることを挙げたが、本事例では議員との関係性が法制化を決定づける因子となっていた。このことから政策起業家の役割を担える信念をもった議員の重要性を強調したい。

4　小　　括

　本章では自殺対策基本法の制定過程を政策の窓モデルを用いて分析した。立法化に向けては、与野党対立の争点になりうるというマイナス因子があったが、問題の流れ、政策の流れ、政治の流れを合流させる政策起業家の存在があり、法制化に至った。政策起業家の活動を支えたのはネットワークの存在であり、与野党対立を超えるアジェンダ設定に成功したことが法制化の要因であった。政策起業家の役割はブローカーと変わりがないところがあるが、ネットワークに支えられていること、利益よりも信念に基づく行動であるという点が両者を区別する要素であるとした。本事例では立法過程における政策起業家の存在が強調されるが、市民団体の役割は社会過程における活動にあるとし、これを踏まえた知的な営みの必要性を論じた。ここから、市民立法における政策起業家の役割を政策過程と社会過程をつなぐ点にあるとし、直接請求の制度のない日本における立法活動について、議員との関係性が法制化を決定づけることがあることを示した。

1）　2010年以降は減少傾向を辿り、2012年には3万人を切り、2015年の自殺者数は24025人となった。
2）　当時の政治状況に言及したコラムとして、「立法の話題　国民の生命を守るために　自殺対策基本法等の成立」『法学セミナー』621号（2006年9月号）123頁。
3）　NHKの報道番組でこの問題を取り上げたプロデューサー等が遺族の支援やアドボカシー活動を目的として設立した。

4) メディアの役割の増加を指摘するものとしては、辻中編（2002）339頁、蒲島（1990）。
5) この点に関する議論は多いが、例えば、城山他編（1999）第1章に政治学からみた官僚制研究についての包括的な整理がある。
6) 自殺実態解析プロジェクトチーム（2008）第1章。
7) 法律制定後の自殺対策予算（以下の数値は文部科学省のいじめ対策、経済産業省の経営者相談などの予算を併せたもの）をみると、2007年度は246億8400万円で、前年度の184億4300万円と比較すると緊縮財政下にかかわらず3割強の伸びとなっているが、増加分は62億円程度である。これがいじめや経済対策を含めた額であることを考えると、法律制定による効果が顕著であったとは必ずしもいえないだろう。（内閣府平成20年度版、資料5）。2008年度は前年度比21億円の減少となった。
8) Kingdon（2003）pp. 131-132.
9) 山本議員の前職は交通遺児育英会の事務局長であり、あしなが育英会はそこから派生して設立された。
10) 本橋編（2007）26頁、山本議員の回想。
11) 武見元議員（調査時）に対する聞き取り調査からは議員相互の信頼関係という要素が強調された。属人的な要素で事例を説明づけることは避けたいが、山本議員が在職中に死去の際、尾辻議員が国会で哀悼演説を行ったのも、与党の大臣経験者という立場からすれば異例であった。
12) 以下の経緯は、山本議員元秘書、参議院法制局担当者、LL代表（いずれも調査時）への聞き取り調査から。法案の内容については、山本議員と法制局の担当者との間で詳細な検討が行われ、様々な可能性を検討するなか基本法での立法が現実的であるという方針で動いていた。法制化を優先するとの観点から、市民団体も異論がなかったことが確認されている。
13) Kingdon（2003）pp. 180-181.
14) この時点で衆議院議員2期、参議院議員1期を務め、民主党新緑風会参議院幹事長の重職にあり、アジェンダ化に係わる党内外の調整に力を発揮しえる立場にあった。
15) Mintrom（2000）pp. 45-47.
16) Mintrom（2000）pp. 59, 288-289. Mintrom and Norman（2009）pp. 652-653, Christopoulos and Ingold（2011）pp. 37-38.
17) Christopoulos and Ingold（2011）pp. 39-40.

第 6 章
風営法改正(ダンス規制緩和)の立法過程
▶多元主義アプローチによる分析

1 はじめに

本章では、2015年6月における風営法の改正に至る経緯を検討するが、目的・方法等について述べておく。

(1) 本章の目的

2015年の6月の風営法改正では、ダンス営業が風営法の対象から外された。風営法第2条は風俗営業を定義し、「客にダンスをさせる営業」について定めていた。文言上は市中のダンス教室も規制対象となる厳しいものだった。クラブの営業は許可の下で行われていたが、営業時間や店舗の面積に基準があり、現行の営業はグレーゾーンで行っている実態があった。そうしたなかで、2010年頃より警察のクラブへの摘発が続いたため、風営法のダンス規制を緩和し、客にダンスをさせる営業の適法化を図ることが愛好者や事業者から求められていた。本章は2015年の風営法改正の要因を明らかにすることを目的とする。

改正のプロセスをみると、市井の法律家グループが推進した署名活動、DJが率先して始めた業界の浄化活動などを通じ、主に若いダンス愛好者を巻き込み、世論に訴えることで法律改正の圧力にしようとした活動が目につくが、本法の改正には多様なアクターが係わった。

ダンスのなかでも社交ダンスの愛好者は1950年代から、規制緩和を求める陳情・請願を行ってきた。1980年代には規制緩和を求めて政治への働きかけを行い、愛好者団体も組織化された。こうした団体の中には、立法の趣旨を尊重し、業界浄化に取り組むことでダンスの振興を図ることを目指し、技術とマナーを備えた教師の育成を掲げ、国家公安委員会の監督下にある指定講習団体となったものもある。指定講習団体の多くは規制緩和に反対した。しかし、愛好者が

少なく、独自の指定講習団体をつくれない新興のペアダンスを始め、ダンス関係者の多くは規制緩和を求める立場だった。[1]

　政治家の動きとしては、「ダンス文化推進議員連盟」（以下、議連）が法律改正に向けたけん引役となった。超党派であったが、会長を自民党の大臣ポストを経験したベテラン議員、事務局を同党の若手議員が務め、議員立法に向けた具体的な動きがあった。政府の規制改革会議もこれを推進する立場だった。自民党内でのセイリアンスは必ずしも高いものではなく、当初反対の意向を示すものはなかったが、警察官僚の意向を受けた保守系の議員が法制化の直前に規制緩和に反対する立場をとった。

　警察官僚は規制緩和に強い抵抗を示した。ダンスの営業は、営業の行われ方によって、享楽的な雰囲気が過度にわたる、あるいは少年の健全な育成に障害を及ぼすおそれがあるためとするが、風営法にダンス規制を残すことでグレーゾーンの営業を黙認しつつ、摘発の権限をいつでも行使できる優位な立場をとれることがあったとされる。[2]

　規制緩和が経済的な利益の多寡に直結するクラブ事業者は、摘発をおそれつつグレーゾーンで営業する弱い立場であり、静観の立場をとっていた。しかし、2012年以降に続いた摘発の動きは、規制の基準を明確にさせる必要性を認識させるものとなった。一方で、緩和をきっかけに新規参入を図りたい事業者の動きがあった。自営業者の立場でクラブを活動の場とするDJは、これを機会に業界の健全化を図りダンス文化の地位向上を図る意向をもち、若いダンス愛好者と利害を一致させた。

　さらに、住民の間でも深夜のクラブ営業によって静穏環境が保持できないとする反対の立場、まちの賑わい創出のためには、規制を明確にしてクラブと共存すべきであるという立場に分かれた。

　本事例はこのような多様なアクターの利害がからむものであったが、ここでは、クラブ利用者などダンス愛好者が主体となった活動に焦点をあてる。ダンス愛好者の動きは組織化されておらずみえにくいが、著名な音楽家や文化人を呼びかけ人とした「Let's DANCE 署名推進委員会」（以下、署名推進委員会）、署名運動と連携しながら、法改正運動を支援する目的で設立された「Let's DANCE 法律家の会」（以下、法律家グループ）を軸に、ゆるやかな求心力をみ

せていた。法律家グループの戦略は憲法に規定された「表現の自由」を前面に掲げ、公益的な価値を訴え世論を喚起し、規制緩和を実現しようとするものであった。本章では、署名推進委員会と法律家グループ、社交ダンスやクラブ等の愛好者（以下、市民グループ）の動きに焦点をあて、立法過程においてどのような役割を果たしたのかを明らかにすることを目的とする。

（2）本章の方法

上記の目的を果たすために、本章では多元主義アプローチを基に事例の分析を行う。多元主義アプローチの通説的な理解としては、トップダウン、ボトムアップといった縦の権力関係でなく、政治過程を利益集団、組織、グループ相互の調整・作用の力学とみなし、この関係性のなかで政策が決定されるとする[3]。多元主義アプローチは、制度のもつ個人や過程への規定性を重視する制度論や特定のエリート集団が大衆を支配するエリート論への批判から生まれてきた。多元主義の捉え方には、政策形成のパターン、権力論、分析手法等とする立場があるが、本章では分析手法として捉え、アプローチという表記をとる。

風営法の改正過程では、ダンス規制に関係する多様なアクターが存在し、それぞれの利益を実現すべく要望を挙げていた。アジェンダの設定を政府に働きかけるところから活動するものもあったが、アジェンダ化以降に潜在的な団体が組織化され政治過程に上ることもあった。そのような動態をみせながら、関係する団体・集団間の調整と均衡のなかで政策が決定されたという点で、本事例は多元主義アプローチによって説明されると考える。

なお、多元主義アプローチの代表的な論者であるロバート・A・ダール（Robert A Dahl）も市民という言葉に言及している。厳密に定義しているわけではないが、民主主義国家における市民を「権力をもたない底辺の状態と、権力の頂点の状態の間に位置する」とする[4]。さらに、「政治生活に参加し、政府をコントロールし、他の市民に対する影響力を行使し、政治、宗教、経済、そのほか様々な団体を組織し、あるいはそのメンバーになり、また自身の行為や生活に関してかなりの範囲に自己決定する機会が権利づけられている」となる。本事例における市民グループも、権力の頂点にあるわけではなく、力をまったくもたないわけでもない中間の位置にあろう。政府をコントロールして

いるか、他の市民に対して影響力を行使しているかどうかなどについては以下で検証するとして、この定義を出発点としてみていきたい。

(3) 本章の意義

多元主義については、居住地や職業の選択等に係わる流動性の高い米国社会を前提に描かれたものであるという指摘があり、そのような動態モデルが社会の流動性の低い日本でどこまで適用しうるのかについては議論があった。1980年代に論じられた多元主義では、政官関係を分析の軸におかざるをえない点を称して「日本型」の冠が付された。2000年代前後からの政治改革・行政改革を経た後の状況変化についての評価は途上にあり、本章は1980年代の多元化の議論と比較しつつ、アクターを市民に広げて日本の政治過程の多元化を検証するという意義がある。

2　多元主義アプローチの視角

本章の分析の枠組みとなる多元主義アプローチの概要を整理したうえで、日本において多元主義がどのように論ぜられてきたかをみて、今日において多元主義を論ずる意義を確認する。

(1) 多元主義アプローチとは

多元主義アプローチの源流は、古くは20世紀初頭のベントレー（Arthur Bentley）、1950年代のトルーマン（David Truman）に遡るが、政治は諸集団間の対立と相互作用であり、政府がそれを調整する過程であるとする。特定の集団がその過程を支配することはありえず、政策の実現はそれぞれの団体の権力や影響力行使の結果であるとする。政治を取り巻く環境を含めて政治の過程を決定する因子としつつ、アクターの行動に焦点をあて動態的な過程を分析の対象にする。アクターの行動を決定する要因として利益や選好がおかれる。

多元主義アプローチの代表的な論者であるダールは、絶対的な権力の存在はなくイシューごとに異なったアクターが政策の決定について強い影響力をもっていることを実証的に明らかにした。[5] 地方都市において3つの政治的なイ

シューを取り上げ、評判法に基づいて、誰が政策決定に重要な影響力をもったかを計った。その結果、政治資源の配分は不均等であり直接的な影響力をもつものは限られるが、下位指導者や一般市民も指導者に影響力を与えていることを示し、イシューによって強い影響力をもつものが異なることを示した。

多元主義アプローチは、特定のエリート集団が権力をもち大衆を支配するとするエリートモデルへの批判から生まれた。エリートモデルについては、エリート集団の依拠する資源や支配の対象をどう捉えるかで諸説あるが、特定の少数者が多数を支配するという点が共通する。[6] 規範モデルというよりは、現実を批判的に解釈する立場である。

ダールはこのような権力モデルを批判的にみつつ、多様なアクターのダイナミズムのなかに成立する多元的な社会を描き出し、さらにそこから政治体制についての理論を析出した。直接参加によって成り立つ民衆政（popular government）が難しくなった後の政治体制として、代表制を現実的であるとしながら、このなかで民衆政を実現するための条件を析出しつつ、ポリアーキー（polyarchy）[7] を提唱した。ポリアーキーは理念としての民主主義と区別するために提唱された概念である。民主制を標榜する政治体制においても現実には寡頭制が敷かれている現状があることを踏まえ、実態として比較的民主化された体制を指す。手続き的な側面を成立の要件とし、これを実現するための条件が挙げられている。

それは、公正な選挙や表現の自由、結社の自由等であり、政府に参加し反対することの権利が前提となる。[8] ポリアーキーは次の場合に充足する。政治過程が開かれたものであり、政府に対して自立した集団、団体、組織、その他の単位が多数存在する場合である。[9] 集団は自由に形成され、どのような集団も政府に接触が可能な状態にあり、集団の重大な利益が脅威にさらされると、さらに多くの集団が動員されることになる。これらは、多元主義を担保する条件とも考えられる。[10]

多元主義アプローチは現実政治を説明する有効な理論として評価される一方、様々な批判もある。例えば、現実を説明するのに有効である反面、権力の源泉や構造に迫りきれないためモデルとしての普遍性を構築できず、変化を予測できない。アクター間の力学を重視した結果、制度的な要素や政策そのもの

のもつ質的な側面を軽視する。大規模な制度変化や非決定に至る権力の存在を[11]
説明しきれないなどである。多元主義が析出される事例の選定にバイアスがかかり問題の重要性が勘案されないという問題もある。

なお、多元主義アプローチの源流が米国にあることから、社会の流動性と民族の多様性に基づいた米国社会の特徴である、二大政党制の下で顕在化しやすいとされ、日本において多元的な政治体制が成立するかには議論がある。

（2）日本における多元主義アプローチ

ここまで述べたように日本での適用には留保があるものの、ダールは憲法に規定された言論の自由や結社の自由、普通選挙の実施から、日本をポリアーキーの成立した国であるとした。[12] 形式的には多元主義を認めることができるという立場である。しかしその実態を分析するものの多くは、単純に日本の多元化を認めるものではない。

日本の政治については、長い間政治と行政の関係を軸とした分析がなされ、エリートモデルをベースにした政治優位か行政優位かの議論が続いた。[13] 高度経済成長をけん引した官僚の役割が強調され、行政優位がいわれる時代が続いたが、1980年頃から多元主義を標榜する研究が出てきた。アメリカの体制との比較により日本型多元主義とするもの[14]、官僚と行政が主導して利益団体との調整を図るパターン化された多元化[15]、官僚制のセクショナリズムに基づく多元化[16]、自民党内の派閥に基づく多元化[17]を論ずるものなどであった。経済学では、官民協調体制を強調しつつ仕切られた競争を日本の産業政策の本質とするものがあった。[18]

これらの先行研究は、日本の多元化を認めつつ政治と行政の相対的な優位性を主張するもの、政治と行政のアクターが細分化し多元化していることを示すものであるが、いずれも政官関係を根底におきつつ、日本の統治体制を論ずるものであった。

この時期、市民運動や消費者運動等は、マスメディアを媒介として多元化を進めるアクターとして位置づけられ、メディア多元主義とされた。[19] ただし、こうした設定が評判法に基づき提起されたことで研究手法に限界がある、マスコミのもつ影響力を政策決定過程に限定せず政治・社会システム全体に及ぶもの

と広く捉えていることなどが問題とされた。いずれにせよこれらのアクターが影響力を行使するのに、マスメディアの媒介を前提とすることは、日本の多元化の限界であっただろう。

また、1980年代の多元化は、官僚制や政治家が規模の大きい利益集団をその核に内包して進んだもので、小規模な団体は取り残されたとみることができる。その後も日本の多元化に関わる研究は政治と行政の関係を軸に進められ、序章に述べたように松下らによる理論化の試みはあったものの、市民運動や消費者運動をアクターとして捉えて政治への影響力を測ろうという議論は、政治学では広がらなかった[20]。1990年代までの状況を示したものとして、政策研究においてサービスの受益者、住民、市民というアクターを取り上げた事例はなかったとされる[21]。

このように、政治過程のアクターとして市民に注目する動きはあるものの、政治家と官僚との関係への関心は強く、近年は1990年代以降に進められた政治改革、行政改革という大きな制度変化を経た後の関係変化に注目が集まっている。この評価はマスコミの評論から学術研究まで多様な領域で行われているが、一連の改革は官邸機能の強化を通じた政治主導を進めるものであるという点は、公知とされよう。

それ以外の点について改革の評価の議論は途上にあるが、1980年代の多元化の論争を主導した村松岐夫の近年の研究成果は、政治家と官僚を一体の統治集団と見る政官スクラムを前提としつつ、それが1990年代末に崩壊していたとする[22]。1990年代以降の改革を経て官僚制の活動は後退・中立化し、萎縮しているともされる[23]。これらは、1990年代以前の状況が政治家と官僚の関係性が権力核としてあったとみているが、近年の研究成果はそのスクラムが緩み、政治主導の方向へ動いていることを示している。すなわち、権力核の多元化の方向を示すものである。

3　風営法改正の立法過程

ここまでみたように、政官関係を根底におくのが日本型多元主義であり市民は枠外にあったこと、近年は政官関係を軸に形成された権力核が崩壊している

のではないかというように視角を定めつつ、次項で事例分析に入る前提として、風営法改正に至る立法過程を、必要性、改正までの経緯、改正内容に分けて記述しておく。

（1）法律改正の必要性

風営法の改正が今日なぜ求められるのかを、制定当時の立法趣旨をみたうえで、その後の時代変化に対応した一部改正の動向、近年、法律改正の必要性を改めて認識させるに至った状況をみることで把握しておく。[24]

1）立法趣旨

風営法は、善良の風俗と清浄な風俗環境の保持、少年の健全な育成に障害を及ぼす行為の防止、風俗営業の健全化と適正化を促進すること等を目的として1948年に制定された。

風営法第2条に風俗営業の定義があるが、そのなかにダンスという文言があった。2015年の改正で問題となったのは、「ナイトクラブその他設備を設けて客にダンスをさせ、かつ、客に飲食をさせる営業」（第2条3号）、「ダンスホールその他設備を設けて客にダンスさせる営業」（第2条4号）であり、前者はクラブやディスコに関わり、後者はダンスホールなどと共にダンス教室も対象となるものであった。対象が広く明確でないことが問題となっていた。営業する場合は、都道府県公安委員会の許可をとることを求め、違反した場合には2年以下の懲役、200万円以下の罰金を科していた。

クラブ等の営業は、許可を取得しても深夜12時（例外的に午前1時）以降は禁止されていた。午前1時で終わるナイトクラブは営業的に成り立たず、多くの店舗が営業許可を取得せず飲食店として脱法的に営業する、あるいは営業許可を取得しても禁止を承知で時間外に営業を行う実態があった。

ダンス教室等[25]についても、学校の近くで営業できないなど立地場所の制限、18歳未満の立ち入り制限、外から見えないように目隠しをするなどの規制があった。西欧から移入された社交文化、国際大会が催されるスポーツ競技の側面を考えると、愛好者の間では風俗営業に分類されることが普及の妨げになるという意識が共有されていた。

風営法は性風俗サービス、キャバレー等についても規制するものであるが、ダンスがこれらと並んで規制の対象となったのは、1948年の制定時にダンスが売春等の性的サービスと結びつけられていたためである。

2）一部改正の動向

風営法は、時代の変化に対応するため改正を繰り返し、その数は微細なものも含めれば30回以上に及ぶ。例えば、1955年にはビリヤード場が対象から外された。ビリヤード業界は健全なスポーツであることをアピールするために業界団体を組織し、政治家に適用除外を求める働きかけを行った。

キャバレーでのチークダンスと混同されがちだった社交ダンスも、ビリヤード業界の適用除外の成功をみながら、1950年代から改正の働きかけを行った。競技ダンスでの実績をアピールすることで同様の扱いを求めたが、受け入れられなかった。

政治家への選挙支援、自治大臣への嘆願書提出などの活動があり、1984年の改正でようやく18歳未満のダンス教室への立ち入りが認められるようになったが、依然として不十分な規制であると捉えられていた。この間、1950年代から続く一連の活動と挫折を通じて、教師や競技者を中心とした社交ダンス愛好者の間に、条例の改正を目指して都道府県に働きかけるよりは法律の改正を目指して国に働きかける必要、教師や競技者、事業者それぞれが各地域で要求を挙げる状況を超えて、要求を明確にするための統一組織の必要が認識されていった[26]。

1995年には教師を中心に初めての社交ダンスの全国組織として「全日本ダンス協会連合会」（全ダ連）が発足、1997年には、自身が社交ダンス愛好者である自民党のベテラン議員を会長においた「ダンススポーツ推進議員連盟」（会長：島村宜伸）が発足した。こうした動きは、1998年の改正で一部規制の緩和という成果になった。国家公安委員会の指定を受けた団体の講習を受けたものは、正規のダンス教師と認定され、認定された教師が営む教室は風営法の適用を除外されることになったのである。

一方でこのことは、国のお墨付きを得られることになった社交ダンスとそれ以外のダンス、あるいは社交ダンスのなかでも認可を受けている教室とそうで

表6-1　年表・風営法改正前史

年　月	政　治	行　政	市民・社会
1955年			風営法改正、ビリヤード場適用除外へ
1959年			社交ダンス関係者、都知事選・参議院選挙支援
1963年			社交ダンス、世界選手権に日本人出場
1980年			社交ダンス関係者、自治大臣に請願書
1984年	風営法改正、一定の条件下でダンス教室への18歳未満立ち入り認める（午後10時まで）		NHK教育テレビ『レッツダンス』放映
1985年			全日本ダンス協会連合会発足（全ダ連）
1989年	社会教育としての社交ダンスを振興する議員連盟発足（会長：中嶋源太郎）		
1996年			映画『Shall Weダンス？』ヒット
1997年	ダンススポーツ推進議員連盟発足（会長：島村宜伸）		
1998年	風営法改正、全ダ連と日本ボールルームダンス連盟の認定教師ありのみ、ダンス教室適用除外		
2008年3月		学習指導要領改訂、中学校でダンス必修化	
2009年8月8日			酒井法子覚せい剤で逮捕
9月16日	鳩山内閣発足		

ない教室が併存するなど、ダンスの種類ごと、愛好者ごとの分断を生むこととなった。

3）近年の状況

　一部規制の緩和を経ても法の適用は依然として実態とかい離したものとならざるをえなかった。中高年の社交ダンス愛好者は多いが、2012年7月に高知市で、高齢者向けの社交ダンスの公民館講座が市の要請で中止になるという事案が発生した。参加者から会費を取るのであれば、風営法の規制対象となるという判断だった。

　クラブでのダンスについては、2010年12月に、大阪のアメリカ村を中心に、警察による一斉取り締まりが実施されたことが、法律改正の必要性を認識させるきっかけとなった。騒音、喧嘩、落書きなどクラブに対する近隣住民からの苦情、さらにはクラブ内の喧嘩に起因する傷害致死事件等があったとされるが、その後もクラブ摘発は止まらず、京都、福岡、東京で摘発が続き、閉鎖や廃業に追い込まれていく。2012年4月には、大阪市北区のクラブNOONが摘発され、経営者が風営法の無許可営業で逮捕・勾留、公判請求され、NOON風営法裁判と呼ばれた。

　このような問題の発生が、法律改正の必要性を愛好者に強く認識させるきっかけとなった。

（2）改正までの経緯

　戦後まもなく制定された法律は時代の変化に対応して一部が修正されてきたが、グレーゾーンの下で運用せざるをえなかった状況に限界がみえ始めたのが近年である。改正に至るまでには主要なアクターが入れ替わり、段階ごとにそれぞれの役割を果たしながら進んでいった。ここでは、改正までの経緯を、署名活動を中心に展開された第1期、事業者が表に立ち声を上げ始めた第2期、政治家主導から始まったものの行政主導へ転換せざるをえなくなった第3期、行政が受け手となり各団体の主張が表出した第4期、各団体の主張について調整が進められた第5期に分けて記述した。[27]

1）第1期：署名活動の開始

　近年の動きを受けて、法律改正の必要性への認識が高まったのだが、組織化されていなかったダンス愛好者を結びつける動きは、2012年5月に発足した署

名推進委員会を中心に進んだ。委員会の発起人には著名な音楽家や文化人が名を連ねた。さらに、同委員会が推進する署名運動と連携しながら法改正運動を支援する目的で、2012年11月に100名近くの法律家の賛同を得て、法律家グループが組織化され、署名活動を支える戦略を考案し、ロビー活動の主体となった。

　法律家グループが、改正の必要性がある理由として具体的に挙げたのは次の点である。[28] まず、改正の必要性は、ダンス規制による弊害をクラブ等が閉鎖・廃業に追い込まれる、あるいはその可能性があるだけではないとする。第1に、「善良な風俗を害する享楽的雰囲気を過度に醸成する[29]」ダンスをさせることが処罰の対象となる点で、明確性の原則に反するおそれがあり、濫用的取締の温床となりかねないということ、第2に、そのことはダンスをする側からみると、ダンスをする自由、つまり憲法21条に定める表現の自由に対する重大な制約となっているということである。

　風営法の改正の必要性を、クラブおよびダンスカルチャーという文化・芸術そのものへの制約として位置づけた。青少年保護や薬物乱用防止等の取り締まりの必要性が生じているならば、ダンスを基準に取り締まるべきではなく、個別具体的な法律により取り締まるべきだとした。法律家グループの戦略は、表現の自由という公益的な価値を掲げて、幅広い層の結集を狙うものであった。

　風営法が対象とするのはダンス営業規制であり、ダンス規制ではない。しかし、法律家グループは風営法をあえてダンス規制法として前面に打ち出し、署名活動を進めた。こうした戦略はミスリーディングであるという批判もあったが、わかりやすい訴求方法と捉えられ、マスコミにしばしば取り上げられることとなった。クラブ愛好者をターゲットとした活動は、クラブやイベント会場での署名集めとともに、ネット上で拡散しながら潜在的な愛好者に働きかける方法をとった。さらに、愛好者団体を組織していた社交ダンス等ペアダンス関係者の協力があり、最終的に15万筆を超える署名が集まった。[30]

2）第2期：事業者の顕在化

　署名活動を中心に広く愛好者をターゲットとして進める活動は耳目を引くが、愛好者の声はまとまりにくく、実態を捉えにくい。法律の改正には、具体

表6-2　年表・風営法改正まで（第1期）

年　月	政　治	行　政	市民・社会
2010年頃			クラブへの摘発相次ぐ、個人でweb署名実施する動き
2012年4月1日		中学校でのダンス必修開始	
5月29日			Let's DANCE署名推進委員会発足
7月		高知市で社交ダンスへの公民館貸し出し制限	
9月14日		警察庁パブリックコメント開始（「ダンスを教授する者」の講習団体を拡大・緩和する施行令の改正案について）	
11月1日			Let's DANCE法律家の会、正式発足
27日		風営法施行令改正、4号営業での規制免除団体を拡大	
28日			東京都知事選候補者への公開質問状
12月17日		警察庁生活安全局保安課長名通達、風営法規制対象のダンスについて運用方針	
26日	第2次安倍内閣発足、国家公安委員長古屋圭司		（この頃、署名が10万筆超える）
2013年2月			（この頃、クラブ関係者、法律家グループ、ロビー活動）
3月15日	衆議院内閣委員会で民主党議員が質問		
27日			町田市議会、改正意見書採択
29日			渋谷区議会、改正意見書採択

的な要望を政策事項に落とし込む過程が不可欠である。政治家が動き出し、これを受けて個別の要望を有する事業者が団体を形成し声を上げ始めた時期をみていく。

表 6-3　事業者団体の類別

名　称	時　期	主な活動地	概　要
福岡クラブカルチャー向上委員会	2012年4月	福岡	事業者や利用者による業界浄化の取り組み。清掃活動など。シンポジウムを開催、業界のイメージアップに努める。
クラブとクラブカルチャーを守る会（C4）	2013年4月	東京	複数のクラブ系団体の連携を図ること、利用者の啓発を図ることを目的としてDJやアーティストにより設立された。愛好者を巻き込んだクリーン活動を主導し、業界浄化に取り組む。
西日本クラブ協会	2013年8月	大阪	業界浄化のための自主規制を目指す団体。12店舗で発足し、16店舗が参加。
アメリカ村クラブ協会	2014年3月	大阪	騒音等への苦情の多かったアメリカ村で業界の自主規制を目指す団体（6店舗）。
日本ナイトクラブ協会（JNCA）	2014年3月	東京・愛知	風営店による許可を受けたナイトクラブ事業者団体（都内22店舗中20店舗加盟）。客室面積基準66㎡を超えている大手の業者が参加。未成年への対応、近隣への騒音、利用者同士のトラブル防止のための自主基準を策定。
日本音楽バー協会（JMBA）	2014年3月	東京・埼玉	東京を中心とした音楽飲食店による事業者団体（15店舗）。66㎡に満たない違法営業店の集まり。若手DJやアーティストの育成の場としてクラブ文化を支える場所。
六本木セーフティーアソシエーション	2014年4月	東京	営業時間の自主規制基準を設け、業界浄化を目座す（10店舗）。

出所：神庭（2015）218頁、NOON裁判支援ホームページ、各団体ホームページ、風俗行政研究会議事録より作成。

　2012年末には署名が目標の10万筆を突破していた。これをはずみにして、2013年2月にはクラブ関係者と法律家グループ約30名が議員会館を飛び込みで訪れ、衆参両議員60名に法改正の必要性を訴えるといった活動が行われた。2013年5月には、議員会館で署名提出記念集会が開かれた。政治の側でも風営法改正に向けた機運が高まり、この3日後に60名を超える超党派の議員が参加し、「ダンス文化推進議員連盟」（以下、議連）が設立された。会長には1998年の改正時から関わってきた自民党のベテラン議員（小坂憲次参議院議員）、事務局長に自民党の若手議員（秋元司衆議院議員）が就任し、以降、行政との調整の前面に立つことになる[31]。

　議連が結成され、法律改正が実現する可能性が高まると、ここまで成り行き

表6-4　年表・風営法改正まで（第2期）

年　月	政　治	市民・社会
2013年4月26日		クラブとクラブカルチャーを守る会発足
5月17日		風営法のダンス規制見直しを求める院内集会開催、請願の提出
5月20日	ダンス文化推進議連発足（会長：小坂憲次）	議連に15万筆の署名託す
6月28日		福岡市議会、改正意見書採択
8月1日		クラブとクラブカルチャーを守る会設立、西日本クラブ協会設立
10月1日		NOON風営法裁判、初公判
11月22日	規制改革会議、第13回創業・IT等ワーキング・グループで風営法改正が議題に	
11月27日	ダンス文化推進議連「中間とりまとめ（提言）」	
12月6日		世田谷区議会、改正意見書採択
2014年1月20日	同会議、第15回で風営法改正が議題	
3月4日		日本ナイトクラブ協会設立、この頃、各地に業界団体設立相次ぐ

を静観していた事業者も声を上げるようになった。最初に事業者としてまとまり、立場を表明したのは「クラブとクラブカルチャーを守る会」（以下、C4）であった（2013年4月発足、8月設立）。クラブ事業者が表に出たがらないなかで、その声を代弁する形で自営業者であるDJが中心となって設立したものである。愛好者を巻き込んで、早朝の清掃活動を行うなど、業界の信頼確保に努めた。

　こうした活動を受けてクラブ経営者も声を上げるようになった。2014年3月に大箱といわれる比較的大手の事業者が集まって日本ナイトクラブ協会（以下、JNCA）が設立されると、これに対抗する形で小箱といわれる事業者が集まって日本音楽バー協会（以下、JMBA）が設立された。前者は風営法の基準である客室面積基準66 m^2 を超え、許可をとって営業していた比較的資本力のあるグループである。後者は面積が基準に満たず違法なまま営業を続けてきたもので、本来表に出にくい。しかし、若手DJやアーティストの育成の場でありクラブ文化を支える場所として、愛好者からは根強い支持を受けていた。大手事業者の声だけを反映させることで、自分たちの利害が損なわれる懸念があっ

たため、団体の結成に動いたとされる[32]。

　クラブのなかに、近隣への迷惑を顧みず大音量で音楽をかけるものがあったことは事実である。利用者のなかにも、喧嘩、周辺へのゴミ捨て、未成年の飲酒から果ては薬物売買まで、問題を起こすものがいたことも同様である。しかし、風営法の規制緩和には、世論の支持を得て業界自体の信頼性を高めることが必要との認識が広まり、この時期、各地に業界浄化に取り組む事業者団体が設立された。

3）第3期：政治主導から行政主導への転換

　風営法改正に向けた機運が高まり、事業者も声を上げ始めるなか、政治家の間で具体的な動きが出てきたが、警察庁は消極的であり静観の構えをみせていた。法律改正に至る過程で政治主導は頓挫させられ、改正のイニシアティブは行政に移行することになる。

　改正に向けた動きは、議連の活動とともに政府の規制改革会議に係るものとして現れた。改正の必要性を支えるコンセプトとして、1998年の改正時にみられない新しい要素が加わった。安倍内閣の進める成長戦略の1つという位置づけがなされたのである。

　2013年11月、政府の諮問会議として位置づけられた規制改革会議で「ダンスに係る風営法規制の見直し」が議題となった[33]。オリンピックという時宜を得て、都市型のエンターテイメント産業としてダンスが取り上げられたのである。規制改革会議の答申が閣議決定されれば、警察庁はこれに対応した法律改正を迫られる。

　同時期に、議連は改正の内容を「中間とりまとめ（提言）」として発表、法律改正に向けた強い意志を示した。営業時間・面積等について風営法を時代にあったものとして検討すること、トラブル防止のための自主規制の必要、ダンス文化を成長戦略のコンセプトとしてとらえ魅力ある街づくりのために活用していく、などが挙げられた。

　規制改革会議の動向がありながらも、警察庁の動きは鈍かった。このため、2014年3月、議連は総会で、議員立法で改正の方針を決定した[34]。5月には規制改革会議名で見直しに向けた意見書が提出され、続いて議連による改正案が公

表6-5　年表・風営法改正まで（第3期）

年　月	政　治	市民・社会
2014年3月14日	ダンス文化推進議連総会、議員立法で改正の方針	
17日		京都市議会、改正意見書採択
19日		社団法人コンサートプロモーターズ協会より要望書提出
4月14日	規制改革会議、第21回で風営法改正が議題	
25日		NOON風営法裁判、大阪地裁無罪判決
5月12日	同会議、第31回で風営法改正が議題、規制改革会議名で見直しに向けた意見書提出	（この頃、全ダ連、改正反対のロビー活動）
16日	ダンス文化推進議連、改正案発表	
6月5日	自民党内閣部会で改正案に反対の声上がる	
10日	ダンス文化推進議連、改正案提出断念	
13日	「規制改革に関する第2次答申」で風営法の見直し提言、古屋国家公安委員長、閣法での風営法改正案提出表明	
18日	ダンス文化推進議連、改正案再発表、内容大幅に後退	
24日	「規制改革実施計画」閣議決定	

表され、合わせて通常国会での提出を目指す方針を確認した。規制改革会議の意見書は、ダンス教室に関する規制の完全撤廃、クラブの風営法からの適用除外、深夜営業を認めるなど、大幅な緩和を認めるものとなっていた。議連の改正案は概ねこれを具体化するもので、ナイトクラブやクラブについて、ダンス飲食店営業という新しいカテゴリーを設けるものの、営業時間、面積、立地、照度等に関する規制が緩和されるようになっていた。

　だが、ここからの警察庁の巻き返しは徹底したものだった。議員立法の提出に向けて議連のメンバーは各党で党内手続きに臨んだが、6月、自民党の内閣部会で猛反対にあう。警察庁は自民党内の政治家に法案の問題点を説明し、モブの動員に成功したのである[35]。この5日後、議連は一転して通常国会への法案提出を断念すると発表した。

4）第4期：各団体の主張の表出

　官邸まで動かした政治主導の試みは、改正に消極的な警察庁の活動によって頓挫させられたが、行政が対応に乗り出さざるをえない状況を生みだした。以降、行政主導で改正に向けた動きが進むこととなった。

　2014年6月、議連が提出を断念した直後に、規制改革会議の答申が正式に提出され（「規制改革に関する第2次答申」）、風営法の見直しが提言された。同日、古屋国家公安委員長は閣法での風営法改正案提出を表明した。政治主導から行政主導への転換である。

　この後の行政の対応は速かった。2014年7月15日に第1回風俗行政研究会が開催され、関係者への聞き取り調査が行われた。この研究会は翌月までに4回開催され、9月には報告書がまとめられたが、各団体の実質的な利害調整の場になった。

　以下、研究会の議事録を基に、ダンス団体、クラブ事業者・愛好者、地域の関係者、それぞれの主張、立場を整理した。

① ダンス団体の主張

　第1回の研究会では、社交ダンスのほかサルサ、アルゼンチンタンゴを含めたペアダンス6団体への聞き取り調査が行われた。ダンス教室の運営は4号規制に係わり、認可があればこの規制を免れる。飲食を伴う場所で、踊りあるいは躍らせることが3号規制に係わる。規制緩和への立場は、指定講習団体の認可を受けている社交ダンス団体とそれ以外の立場ということで大きく分かれたが、認可団体の立場も一枚岩ではなかった。指定講習団体の認可を受けている2つの社交ダンス団体は3号、4号両方の規制緩和に明確な反対の立場をとった。しかし、風営法にダンスという文言があることが普及の妨げになっているとの認識から、4号の規制緩和に前向きな認可団体もあった。

　社交ダンス以外のペアダンスは両号の規制緩和を望んでいた。愛好者数が少ないうちは教室経営が成り立たず、飲食を伴う場所で踊りを見せることを通じ、すそ野を拡大していく必要があった。また、そうすることで踊り手が経済的な対価を受け生活を成り立たせることができるためである。

② 事業者・愛好者の主張

　第2回の研究会では、3号営業に関連する10団体と、商店街振興組合等4団

表6-6　ダンス団体の主張

団　体　名	主　　張
公益社団法人全日本ダンス協会連合会 (指定講習団体)	• ダンス教室に係わる4号規制撤廃に強く反対。現行の規制は業界の健全化に貢献したという評価。
公益財団法人日本ボールルームダンス連盟 (指定講習団体)	• 4号規制からダンス教室の完全除外求める。 • 3号営業規制の緩和には否定的。
公益社団法人日本ダンス議会	• ダンス教室の風営法からの除外求める。
公益社団法人日本ダンススポーツ連盟・(有)サルサホットラインジャパン	• 風営法からのダンス規制撤廃を求める。ダンスをスポーツとして行う立場から、大会派遣、コーチ招致に係わる問題を挙げる。 • 指定講習団体の制度はサルサ・ブラジリアンダンス等、新興ダンスの普及を妨げる。 • 飲食を伴う場所でのダンスが新興ダンスの普及に不可欠。 • 明るいところでないと踊れず照度規制は許容。 • 年齢規制、立地規制、面積規制にはいずれも反対。
一般社団法人日本舞踏教師協会 (指定講習団体)	• 指定講習団体制度が啓蒙やダンス技術の向上に寄与したと評価。現行制度の維持を希望。 • 未成年への影響から3号営業規制の緩和に否定的。
一般社団法人日本アルゼンチンタンゴ連盟	• 風営法の抜本的な見直しを主張。 • 社交ダンスと発展形態が異なり、足型等に教科書がなく、伝承・伝授といった性質。ユネスコの無形文化遺産であり、文化的側面が強いことを主張。

出所：風俗行政研究会議事録より作成。

体の聞き取り調査が行われた。前者は事業者およびこれを利用する立場であり、後者はダンス営業にまつわる問題を受ける地域の側である。ここでは前者について整理し、③で後者の立場を整理する。

3号営業に関する団体の立場はそれぞれであるが、大まかに分類すると次のようになる（表6-7）。

まず、クラブを利用する愛好者団体がある。相次ぐクラブの摘発や閉店により、安心してダンスを楽しむことができなくなっており、表現の自由を根拠に風営法の抜本的な改正を望んでいる。

クラブミュージックを作曲する音楽家団体とクラブでのイベントを企画・運

表6-7　3号営業関連団体の主張

類別	立場	名称	属性	主張
ユーザー系	規制緩和による反射的利益、音楽文化の振興を狙う。	Let's DANCE法律家の会・署名推進委員会	愛好者	・ダンス規制は表現の自由、職業の自由への侵害、抜本的改正が必要。 ・騒音・暴力・薬物は個別の法規で対応すべき。 ・新規の立地規制、面積要件に反対。
		NPO法人日本ダンスミュージック連盟	DJ、ミュージシャン	・クラブの経済効果を主張、規制緩和によるクラブビジネスの振興を求める。
		クラブとクラブカルチャーを守る会(C4)	DJ、愛好者、複数の事業者間の調整を指向	・営業のリスクに応じた3段階の規制案を提示。 ・ユーザーのマナー向上キャンペーンも実施。
既存事業者	規制緩和による新規参入を警戒しつつも、合法化による業界健全化への期待は大きい。	日本ナイトクラブ協会(JNCA)	クラブ事業者(大手)	・営業時間の緩和を強く要望。 ・認可取得のハードル下げ、違法営業をなくす規制の明確化を希望。 ・自主規制を主導。
		日本音楽バー協会(JMBA)	クラブ事業者、ライブハウス(小規模)	・面積要件・営業時間の緩和求める。 ・新規の立地規制には反対。 ・違法営業をなくす規制の明確化を希望。 ・遊興概念による規制には懸念。
		西日本クラブ協会	クラブ事業者、大阪	・営業時間の緩和求める。 ・新規の照度規制には反対。
		ラテンワークスコーポレーション株式会社	サルサクラブ事業者、ペアダンス事業者を代弁	・3号営業の規制緩和。認可までの手続き、時間が運営コスト圧迫。 ・認可取得後の未成年入店、目隠しは業界イメージを低下。 ・面積要件の設定による賃料の高騰と、中間業者の出現を懸念。 ・グレーゾーンの明確化、ナイトライフ産業の振興を求める。
新規事業者	規制緩和による新規参入を企図。	クリエイティブ・ミュージック&カルチャー・オープンネットワーク	音楽以外の多様な業種のネットワーク、新規参入意向者	・ファッション、飲食、アート、建築等でのダンス活用を指向、風営法は新規参入を阻害。 ・ナイトライフ産業の振興を求める。 ・世界標準を意識してダンス文化を振興していく必要。 ・遊興概念による規制には反対。
		森ビル株式会社	地域活性化による反射的利益、あるいは参入機会の拡大を期待	・都市の魅力向上という点からナイトライフ産業の振興を希望。 ・深夜営業規制の緩和を希望。 ・地域との連携により、業界の健全化を図る意向。
		株式会社河合楽器製作所	運動教室事業の拡大	・ダンスの合法化による業界イメージの健全化期待。

出所：風俗行政研究会議事録、行政改革会議議事録より作成。

表6-8　商店街振興組合等の主張

団体名	主張
六本木商店街振興組合	・問題自覚しつつもダンス規制は撤廃、合法化のうえで警察と連携し浄化の方向。 ・時間延長についても現実的な対応として許容。 ・一律の立地規制は現実的ではない。
六本木町会 ＊12町会の声も収集	・騒音・風紀の乱れを問題視。クラブをなくしてほしいという立場ではないが、健全化を期待。
大阪市中央区御津連合振興町会 ＊11の町会から成立、通称アメリカ村含む。アメリカ村内には730名の居住者あり。	・騒音、ゴミ、薬物と、それに派生する一般客の減少を問題視。 ・営業時間緩和に反対。 ・警察の一斉取り締まりを評価。 ・エリア内にマンション立ち始め、一律の立地規制は現実的でないとする。

出所：風俗行政研究会議事録より作成。

営し、作曲を手掛ける場合もあるDJ等が参加した団体があったが、これらは音楽文化のすそ野の広がりを期待するという点では、比較的立場が近く、ユーザー系とした。規制方法についての考え方に差異はあるが、概ね規制緩和を望む立場であった。

次に、既存の事業者がある。前にみたように、認可の有無で立場は異なるが、現行の規制を強すぎると感じており、緩和を希望するという点では立場を一致させた。特に営業時間の緩和を求め、規制を緩和し合法化することで、業界の健全化を図りたいという意向をもっている。

さらに新規事業者がある。風営法の改正によりダンス営業が合法化されることで、業界のイメージが向上し、新規参入がしやすくなるという立場である。都市型のナイトライフ産業として、事業機会拡大に期待する。そのほか、スポーツとしてのダンスの普及をビジネスチャンスとみる事業者があった。

③　地域の関係者の主張

商店街振興組合等の立場も分かれた。クラブ営業に伴う問題を受ける点は共通するものの、クラブが街の活性化に必要であるという認識から、法律を改正することでグレーゾーンを無くし、行政の管理下で適切な運営を求める立場と、現状における問題の深刻さから、規制緩和がこれをさらに助長するため、

規制緩和に反対する立場に分かれた。住工混在の進展など、地域事情が異なっているためそれぞれの立場の違いがでてきている（表6-8）。

　以上、ダンス団体、事業者、地域の関係者、それぞれの主張をみてきた。細かな項目を見れば差異はあるものの、1990年代の活動を通じて規制緩和を勝ち取り、ダンス業界に安定した秩序を作り出したという自負がある一部のダンス団体と、クラブ営業等から発生する問題に強い影響を受け、規制の効果を受益している地域団体以外は、概ね規制緩和に賛成する立場だった。一般に既存の事業者は新規事業者を警戒する指向をもち、規制緩和に反対する事例が多いが、本事例においては現状の厳しい規制の下で、これを緩和する利点の方が大きいという判断があり、既存事業者も賛成の意向を示した。

5）第5期：政策案の調整

　ここまでみたように各団体がそれぞれの立場を主張したが、最初の風俗行政研究会が開かれ、報告書がまとめられるまでは2か月足らずであった。この間、場外で各団体相互の調整が進んだというより、表出された主張は研究会の議論のなかで調整される形をとった。団体が主張を表出するのに2回、委員間の議論に2回があてられた。

　委員の間では概ね、現行の厳しい規制がグレーゾーンの営業を生んでいることの問題が認識され、これを緩和しつつも業界の健全化を進めるような新たな枠組みを設ける必要があるという方向で一致した。

　まず、教室の運営に係わる4号規制からダンスを外すことは不可避だろうとみられ、外した場合に発生する弊害やそれへの対応が議論された。

　一方、3号規制については飲食を伴うかダンスさせるだけか、発生させる音量の大小、ダンスの種類により営業実態が相当に異なり、現行の規制を緩和するにしても新たな規制方法を設定する難しさにぶつかった。

　第2回の研究会の席で、C4、JNCA、JMBAが連名で規制案を提出していた。ダンス営業をナイトクラブ、音楽バー、音楽レストラン、非常態営業の4類型に分け、リスクの高低に応じて規制に強弱をつけるものであり、営業の実態に沿った提案であった。これについては、複数の委員からわかりやすいという声が上がったが、事務局から業態の定義が難しいという指摘があり、採用さ

表6-9　年表・風営法改正まで（第5期）

年　月	政　治	行　政	市民・社会
2014年7月15日		第1回風俗行政研究会、ダンス団体ヒアリング	
25日		警察庁パブリックコメント開始（風俗営業からの除外、午前0時以降の営業等について）	
30日		第2回風俗行政研究会、事業者、法律家等ヒアリング	
8月11日		第3回風俗行政研究会	
26日		第4回風俗行政研究会	
9月4日	第2次安倍改造内閣発足、国家公安委員長山谷えり子		
10日		風俗行政研究会「ダンスをさせる営業の規制の在り方等に関する報告書」	
18日			著名DJの25周年記念パーティー、憲政記念館で開催。海外DJ含め安倍首相に要望書
24日	ダンス文化推進議連総会		
30日	規制改革会議地域活性化ワーキング・グループで、警察庁から風俗行政研究会の報告書について説明、照度規制について議論		
10月8日	同会議で日本ナイトクラブ協会等が照度規制再現		
15日			NOON風営法裁判、控訴審第1回公判
16日	自民党内閣部会改正案了承		
24日	風営法よりダンス削除を閣議決定		
11月21日	衆議院解散		
27日	ダンス文化推進議連「中間とりまとめ（提言）」発表		
12月24日	第3次安倍内閣発足、国家公安委員長山谷えり子再任		
2015年1月21日			NOON風営法裁判、控訴審無罪判決

	2月4日	ダンス文化推進議連、改正案可決の方向確認		同裁判、大阪高検上告
	3月3日	風営法一部改正案閣議決定		
	27日			Let's DANCE署名推進委員会、Let's DANCE法律家の会、声明文、「遊興」の問題指摘
	5月27日	衆議院内閣委員会で可決		
	29日	衆議院本会議で可決		
	6月16日	参議院内閣委員会で可決		
	17日	参議院本会議で可決成立		

れなかった。

　研究会では規制の基準として、時間、面積、立地、照度等が挙げられたが、どれも一長一短があった。最終的には照度と新たに設定された遊興という概念で規制する報告案がまとめられた。風営法の改正内容については次項で明らかにするが、この研究会の報告書の内容を踏襲する形で法案がまとめられた。風営法からダンスの文言がなくなるもので、この案は2015年3月、風営法一部改正案として閣議決定された。そして、2015年5月に衆議院、6月に参議院を通過し成立した。

　この段階において、政策案の調整は会議を通じて行われた。団体の発言機会は限られたが、団体同士が連携して政策案を提出するといったように、団体間の相互作用が働く場面もあった。

（3）改正内容

　以上のような過程を経て、風営法は改正されたのであるが、この内容をみてみよう。まず、風営法からダンスという文言はなくなった。踊る、躍らせることを基準に規制するという基準はなくなり、愛好者等の目的は達せられたようにみえるが、新たな問題も浮上した。

　規制が緩和されたとみることができるのは、ダンス教室等に係わる4号営業が法文から削除された点である。ダンス教室等の開業は風営法の規制対象では

なくなった。次に時間に関するもので、営業許可を受けることが前提になるが、24時間営業が可能になり、規制する場合を条例に委ねることになった。

面積の規制も緩和されるとみてよい。これまで営業許可の基準は66m^{2}であったものが33m^{2}へと緩和されるものとみられている[36]。JMBAは、キャバクラ（接待飲食店）並みの16.5m^{2}への引き下げを求めていたので、現行の基準と希望する基準との中間程度に落ち着いた。照度は新たな規制基準として設けられたものであるが、風俗行政研究会の報告書が公表されてから、事業者団体が声をあげ[37]、照度を図る場所を業態別に変えることに決着させた[38]。

しかし、新たなグレーゾーンも生まれた。クラブ等に係わる3号営業は飲食業という括りのなかに入ったが、新たに遊興という概念が示され、これによって規制されることとなった。これまでのクラブの多くは特定遊興飲食店の許可を求めるものとみられる[39]。特定遊興飲食店の無許可営業について罰則が付されている点も、これまで飲食店の深夜の遊興は禁止されつつも罰則がなかったのと比較して、規制強化といえる。

さらに、遊興の基準が曖昧である点が大きな問題とされている。警察庁が都道府県に通達する解釈運用基準によれば[40]、遊興には、歌やダンス、ショー、映画、バンドなどの生演奏、のど自慢大会などが含まれる。この点は国会の委員会審議の場でも質問が続いた。2015年3月には、署名推進委員会、法律家グループが声明文を出し、遊興概念で規制することの問題を指摘した。コンサート、ライブハウス、スポーツバー、ホテルのラウンジでの演奏等、これまで規制対象でなかったものが対象となる可能性が生じ、関係者の間に動揺と困惑が広がっている。

また、地域規制が強化される懸念がある。改正前には、条例で定められた営業延長許可地域に限って午前1時までの営業を認めてきた。このエリアは大規模な繁華街に限られていた。改正後は、特定遊興飲食店営業が許可制になるが、許可を受けられる場所がこのエリアに限定される可能性がある[41]。この点は政令の基準に従って、都道府県が条例で規定するが、同様のエリアが踏襲されれば、結果として規制が強化されたことになる。

改正風営法は公布から1年以内に施行されるが、運用に委ねられている部分が大きく、法律の制定後に事業者や愛好者の関心は、国や都道府県公安委員会

における規則の制定、都道府県議会における条例の制定に移り、パブコメ等を活用した意見表明活動が行われた。

　改正法では、事業者、地域住民、警察などでつくる「風俗環境保全協議会」の設置が義務づけられており、業界の自主規制や愛好者のマナー向上を含め、それぞれの立場で、音楽文化の振興に係わることが期待されるようになった。

4　立法過程の分析

　前節で、今回の改正については、時期により主要なアクターが入れ替わりつつ、政策案の調整がなされた経緯が明らかにされた。多元主義アプローチの視点は、自由な結社に基づき成立した多数の団体の相互作用をみることにあるが、日本においては、政治家と官僚の影響力の二元関係を軸とした分析が主流となっていた。多元化といいつつも市民はアクターとして注目されてこなかったことを第1節で確認した。ここでは広くアクターをとり、組織化の動きと相互作用をみた後に、アクター間の多元化に関わる要素を抽出する。

（1）アクター間の相互作用

　本事例について立法過程を5段階に分けたが、それぞれの段階で中心となったアクターは異なった。

　第1期は、署名推進委員会と法律家グループが組織され、署名活動を通じてダンス規制の緩和をアジェンダ化する段階である。この問題は正確にはダンス営業の規制という事業者に対するものであるが、ダンス規制という形でわかりやすく置き換え、文化・芸術振興をアピールすることで、世論の支持を得ようとした。この後、法律家グループのメンバーは個々に事業者に対して政策上の助言を行い、愛好者を代弁する形で意見の表明を行うことになるが、市民運動の主体として表に出ることはなかった。具体的な政策をつくる段階では、事業者等が前面に立つことになるのであるが、運動を通じてアジェンダ化に成功したことが、潜在化していた事業者を表に出す触媒となった。

　第2期は、議連が形成され法律改正が政治過程に乗った段階である。法律改正が現実のものとなったことで、経済的な利益を有する既存の事業者が顕在化

した。愛好者と事業者の間の位置にある DJ の働きかけが、資本力のある大箱事業者を組織化させ、これに対抗して小箱事業者の団体が形成された。この時期、それぞれの利益に基づいた団体の組織化が図られた。

第3期は、議連に加えて規制改革会議がアクターとして動き、政治主導により改正を進めようとした段階である。これに反発した警察庁が自民党内で対抗勢力の結集に動いた。内閣部会内の対立は政治家間の対立の様相を呈したが、規制維持派は警察官僚の意向を受けた議員であり、実質は政治家と官僚の対立であった。内閣部会を契機に、議連は議員立法を断念、主導権を警察庁に渡し閣法での提案の方向が定まった。このことは立法過程の主導権が政治家から官僚に移行したことを示すが、その反面で、警察官僚は風営法改正を受け入れたことになり、双方の歩み寄りのプロセスであった。

第4期は、内閣提出法案での改正を前提とし官僚が主導するなかで、ダンス団体、事業者・利用者、地域の関係者、それぞれの主張が表出された段階である。ダンス団体、事業者、地域の関係者のなかでも賛否は分かれており、主張の差異があることがわかった。この時に表出された利益と選好は、具体的な政策案を形成するときに反映されることになる。

第5期は、政策案の調整が行われた段階である。第4期に表出された関係者の利害を基に、落としどころが探られた。規制緩和は不可避であるという流れのなかで、反対する立場に配慮して、緩和による問題の発生を抑制する新たな規制のあり方が検討された。第2期で利害を異にしていた大小の既存事業者が連携して、営業実態にあった規制策が提案されるといった場面がみられた。

(2) 多元化に係わる要素の抽出

アジェンダ化以降、各アクターがそれぞれの動きに触発されて改正に向けて収斂していく相互作用をみたが、立法過程における多元化に関わる要素を抽出すると次のようになる。

多様なアクターが登場し、利害関係を表出した点で立法過程は開かれたものであった。インターネット上で展開された署名活動や法律家グループによるロビー活動は、自由な意見の表明、政府へのアクセス過程とみることができる。大箱に対する小箱事業者、指定講習団体がある社交ダンスと新興ダンスといっ

たように、新たな団体の結社や顕在化もあった。団体からの意見表明のなかには、現状維持を主張するものも含め、それぞれの利益と選好が主張された。市民グループのアクターの活動がほかのアクターに影響を与え、ほかのアクターの行動を誘発する場面もあった。この点で、市民グループを含めた多元化が進んでいることが明らかになった。

一方で、本事例においては、政治家と官僚の関係を軸にした「日本型」多元主義の片鱗を残していることもわかった。議連は規制緩和を実現する法案を準備していたし、法案の内容は政府の規制改革会議の方向性とも一致するものであった。[42] しかし、規制緩和に抵抗する警察官僚の反対姿勢は強く、議員立法をけん制する動きをみせた。このため、規制を望む団体は主張の差異を別にして改正を実現しようという方向に収斂せざるをえず、これを進める政治家と現状維持を望む官僚という2つのアクターを中心とした対向関係が形成された。

この二元関係を生んだ原因について補足すると、1980年代の研究成果のなかで、官僚制のセクショナリズムによる多元化が論ぜられたが、本事例に関していえば、警察庁の利益は、社会利益を代表するものではなく規制権限の保持という警察庁の組織利益であった。しかし、成長産業の育成というアジェンダを政策過程に持ち込んだのは政治家であり、この観点から利害関係を有する省庁はあるもののそれが立法過程に登場することはなく、所管の警察庁に対向する行政のアクターは出現しなかった。また、現状を維持することで利益をえる指定講習団体はあったものの大きな勢力をもつものではなく、多元的な均衡も成立していなかった。こうして政治家と警察官僚が対向する構図が出来上がった。

多元主義は団体間の交渉・調整を成立の要件として挙げている。本事例で団体同士が連携して政策案を提示する場面はあり、団体間の自発的な活動といえる。この点は要望を挙げるだけにとどまらない市民グループの新たな役割とも考えられるが、政策調整の主な場は、行政が事務局となった研究会であり、政策案の形成は行政がイニシアティブをとる形で行った。市民グループが提案した実態に即した規制のあり方は、有識者の共感を呼んだように一般にはわかりやすいものであったが、規制に伴う技術的な問題を超えられず採用されなかった。立法技術を知悉した行政の壁を超えられなかった限界である。

とはいえ、改正内容は、規制緩和を求める立場と現状維持を望む立場の双方

の利害を反映する折衷となっており、行政の利益を強く反映したものとはなっていない。そもそも、1950年代から改正を望む動きがありながら放置されていた事項について、行政が改正に乗り出さざるを得なくなったこと自体が、政治家の動きに追い込まれての相互作用の結果であると考えられる[43]。

　立法の最終段階で、利害関係を有するアクターの関係が政治家と官僚という2つの対向関係に収斂したことは、2つのアクターがほかのアクターを超える相対的な影響力の強さをもつことを示すものである。多元化の進行の一方でいまだ政官関係を根底に残すことがわかった。ただし、改正内容から両者のうち一方の優位性を確認することはできなかった。

5　風営法改正の要因

　ここまで、立法過程を記述し、多元主義アプローチを基に立法過程の分析を行った。本事例においては、愛好者を含めた立法過程における多元化が確認され、それが立法を推進する圧力になっていたことがわかったが、一方で政治家と官僚の相対的な優位性も明らかになった。ここでは、風営法改正の要因を検討するとともに、市民グループの役割についても論じる。

　長く望まれながら実現しなかったダンス営業の風営法からの適用除外という政策変化が実現した要因としては、次のものが挙げられる。

　第1に、政治家のモティベーションに経済振興が加わったことである。今回は政治家が規制緩和によるエンターテイメント産業の振興というアジェンダ設定を行った。1950年代以降から継続していた愛好者による改正運動は、踊る側の自由を求める文化振興を目的とするものであったが、ここに経済振興が加わった。ダールは経済的発達を多元的社会秩序の条件としたが[44]、それは同時に政治的資源について不均衡な分配をもたらす[45]。政治的資源には富や収入等、経済の発達に基づくものが含まれる。本事例では政治家に対して経済的資源に基づき影響力を行使して、政治過程に顕在化したアクターはみられなかった。しかし、政治家が合理的行為者であるとした場合、将来得られる経済的な成果を誘因として政治過程を主導したことは想定しうる。

　第2に、行政改革を経て、政治主導を進める体制が出来ていたことである。

本事例は議連の動きが、内閣府設置法に基づき内閣総理大臣の諮問を受けた規制改革会議と連動して進められていた。規制改革会議が緩和の方向性を提示したことで、警察庁としてはこの件について何らかの対応を打ち出さざるをえなくなった。安倍政権は経済政策としてアベノミクスを掲げ、金融政策と財政政策とともに民間投資を喚起する成長戦略を柱にしていた。警察官僚は長くダンス営業規制のアジェンダ化を避けてきたが、今回、法律改正を手掛けざるをえなくなったことには、このトップダウンの方針が大きく影響している。1980年代に議連が結成され改正に向けた動きがありながら、ダンス営業が法文から外されることがなかったのは、二元関係の観点からいえば官僚の優位性を示すものであったが、2000年前後の改革の動きがその関係を変化させていたことがわかる。

1980年代の多元化では、関係する団体の利益を官僚が取り込むことで社会団体の利益を官庁が反映する、セクショナリズムに基づく多元化が論ぜられたが、本事例は警察庁が主権限をもつ治安維持を直接の目的としたものであり、官庁の対向勢力は顕在化しなかった。政治家と警察庁との二元関係という構図に収斂したことで、対向関係がみえやすくなっている。

ここまでの検討で政治家の動機づけへの誘因が変化したこと、さらにそのような政治家の意向を反映しやすくさせる政治主導の体制整備が法制化の大きな要因になったことがわかったが、本事例の分析からは、市民グループも含めた多元化が確認されており、第3にこの役割を検討する。市民グループの役割は、非決定の権力の存在を明るみに出すという点にあると考えられる。[46]

規制緩和によって直接的な利益を受けるクラブ事業者は表に出づらく、このことが非決定の権力の存在を補完していた。市民グループは公益を掲げてこの問題の存在を明るみに出し、政治過程でアジェンダ化することに寄与した。署名活動を通じてダンス規制の緩和を政治の問題として提起したアクターの活動は、多元的な政治体制の実現に寄与するものである。また、1980年代の多元化がマスコミを媒介とした多元主義とされていたのに対して、今回の改正に関わる市民グループの活動では、インターネットを活用した意見表明や連携の試みがあり、IT技術の発達という環境変化が多元化を後押ししていることも明らかになった。

アジェンダ化以降の市民グループの役割は限定的で、立法の初期段階に主要な役割を果たしたものの、それ以降はほかのアクターに主要な役割を交代した。政策案の調整段階で独自案を提示したことは、立法技術の壁を超えられなかったが、アジェンダ化に留まらない市民グループの新たな役割を示唆するものであった。

6 小　括

　2015年6月における風営法改正では、ダンス営業が対象から外されることとなったが、本章はこの改正に至る要因を多元主義アプローチによる分析から明らかにすることを目的とした。本事例は多様なアクターの利害がからむものであったが、関係する団体・集団間の調整と均衡のなかで政策が決定されたという点で、多元主義アプローチによって説明されると考えた。なかでも、市民グループが主体となった活動に焦点を当て、その役割を検討した。

　わが国の政治過程研究では、官僚の影響力の大きさから、官僚と政治家の力関係に焦点をおいたものが主流だった。これを日本型のエリートモデルとみて戦前から戦後の政官関係を解くことから始まり、高度経済成長期には企業をアクターに加えた政官財のトライアングルモデルへ、経済の成熟化がいわれた1980年代にはそれらの相互作用をみる日本型多元主義モデルへと展開し、議論されてきた。しかし、このように政治過程においてアクターとして認識される対象が拡大する一方で、組織化されていない、対象が少数である、公益的な価値を追及するといったアクターの政治的な影響力を検討する研究は少なく、体系化されてこなかった。本章は1980年代の多元主義に係る議論と比較しつつ、市民を含めて今日における日本の政治過程の多元化を検証するという意義があった。

　上のような目的を果たすため、風営法の改正が今日必要な理由をみたうえで、立法過程を5期に分けて記述した。署名活動を中心に展開された第1期、事業者が表に立ち声を上げ始めた第2期、政治家主導から始まったもののそれが転換せざるをえなくなる第3期、行政が受け手となり各団体の主張が表出した第4期、各団体の主張について調整が進められた第5期である。この過程を

経て、主要なアクターが入れ替わりつつ政策案の調整がなされた経緯が明らかにされた。なお、改正内容についてみると、改正された風営法からダンスという文言はなくなったが、新たな問題も浮上した。

以上の過程を通じて本事例からは、愛好者を含めた多元化の状況が確認され、それが立法を推進する圧力になっていたことがわかった。一方で、政治家と官僚の相対的な優位性も確認された。この点で、1980年代の多元主義に係る議論の片りんを残しているといえるが、行政改革、政治改革を経た今日、政治主導の体制整備が改正の決定的な推進力になっていた。

長く望まれながら実現しなかった風営法改正は、政治家のモティベーションに経済振興が加わったことで実現した。こうしたなかで市民グループの役割は、非決定の権力の存在を明るみに出したことにあり、IT技術の発達が多元化を後押ししていることがわかった。

1) ダンスファンホームページ。コラム「風営法の今とこれからを考える―規制改革でダンス界が活性化する」(2014年8月28日)では、ダンス団体関係者へのインタビューを示し、「ほぼ全てのダンス団体が規制に反対」しているとする。
2) この点について永井 (2015) は、風営法規制の対象が無店舗型に移行するにつれ、クラブのような場所を売買春や薬物使用の温床とみなし規制対象とすることが、売春防止法や麻薬取締法による捜査・摘発に比べ容易であることが近年における摘発の背景にあることを指摘する (278頁)。
3) 伊藤・田中・真渕 (2000) 23-30頁、岩崎編著 (2012) 47-48頁、久米・川出・古城・田中・真渕 (2011) 485-486頁、村松・伊藤・辻中 (2001) 66-70頁、森脇 (2010) 41頁。
4) Dahl (1991) p. 17.
5) Dahl (2005).
6) Mills (1956), Thomas (2001), etc.
7) Dahl (1972).
8) Dahl (1972) p. 3.
9) Dahl (1991) pp. 75-78.
10) ただし、ダールのポリアーキーと多元主義に係わる議論は時期によりニュアンスを変えている。1950年代には多元主義をポリアーキー成立の一つの条件とし民主主義を機能させる積極的価値を付与させようとしていたが、1980年代に入ると多元主義が作用して民主主義が停滞する危険を論じるようになった。石田 (1987) 163-164頁。
11) Bachrach and Baratz (1962).
12) Dahl (1972) pp. 38-42.
13) 日本政治の分析におけるエリートモデルの興隆と多元主義モデルへの転換、日本型多元主義を提唱する先行研究の概略については、村松・伊藤・辻中 (2001) 62-70頁。

14) 村松（1981）第8章。最有力な2集団の対立が政治過程の性格を相当程度に規定するとする（295頁）。
15) Muramatsu and Krauss（1987）。
16) 「官僚的包括型多元主義」。猪口（1983）第1章、第6章。「戦後からほぼ30年間に、さまざまな社会利益が官僚制の中にとりこまれ、その中で個別社会利益が官僚制の管轄単位によって代表された」（182頁）とみる。戦後の内務省の解体と社会利益をたてわりに管轄する現業官庁の誕生に端を発する。
17) 「自民―官庁混合体によって枠づけられ、仕切られた多元主義」。佐藤・松崎（1986）158-165頁。分散的なアメリカ型多元主義モデルと比較してはるかに非競争的・協調的とする。
18) 村上（1987）93、115頁。
19) 蒲島（1986、1990）。
20) 中野（1992）序章では、松下を含め1970-80年代の新しい研究潮流を多元主義として共通点を挙げている。
21) 衛藤（1993）31頁。
22) 村松（2010）。
23) 真渕（2006）。
24) 以下、改正の必要性については、永井（2015）斉藤（2015）を参考にした。
25) 4号営業について警察庁は、2012年12月17日付、警察庁生活安全局保安課長名の通達で、対象はペアダンスであり、ヒップホップや盆踊りは規制の対象外であるとの運用上の方針を示している。
26) 社交ダンス愛好者の間では1950年代から社会的な地位の向上が悲願であり、政治家への働きかけは当時からあった。永井（1991）217-219頁。ただし、この働きかけの中心となったのは、スポーツとして捉え技術の向上を追求する教師団体や競技団体であり、社交を重視する一般の愛好者や、踊る場所を提供する事業者との温度差は大きかった。
27) 以下、改正の経緯については、神庭（2015）、各団体のホームページ・Facebook等を参考にした。
28) 以下、法律家グループの主張については、Let's DANCE 法律家の会ホームページ。
29) 警察庁生活安全局保安課長（2012年12月17日付通達）。
30) 署名活動の関係者によれば内訳はクラブ系10万筆、ペアダンス系5万筆程度とのこと。ネットの潜在力という点では、2010年末に大阪在住のクラブ愛好者が個人でSNSを駆使し署名を集め、2万2千筆超となったのが参考までに挙げられる。
31) 文部科学大臣を務め文教行政に詳しい小坂議員は文化としてのダンスを推進する立場、東京の下町を選挙区とする秋元議員は、オリンピックに向けたエンターテイメント産業の育成に関心があった。
32) C4事務局長、聞き取り調査から。風営法改正が現実味を帯びるなか、声を挙げなければ、小箱の事業者が取り残される危機感が団体の結成につながったとする。
33) 第13回、創業・IT等ワーキング・グループ。
34) 当初の議連グループのスタンスは、議員立法に拘るものではなかったという。神庭（2015）210頁。
35) この間、官邸への根回しを含め、法案成立に自信をもっていた秋元議員にとって、警

察の巻き返しが想定外だったこと、自民党内閣部会での反対に戸惑う状況があった。神庭（2015）224-228頁。筆者による聞き取り調査でも複数の関係者の証言から、内閣部会開催前の数日の間に風向きが変化したことが確認されている。なお、自民党におけるモッブの概念については、猪口・岩井（1987）150頁。
36） 2015年3月25日、衆議院内閣委員会議事録。秋元司議員の質問に対する警察庁辻生活安全局長の答弁から。施行規則のなかに定められるものとみられる。
37） 2014年10月7日、規制改革会議宛てJNCAの上申書がある。
38） 2015年3月25日、衆議院内閣委員会議事録。秋元司議員の質問に対する警察庁辻生活安全局長の答弁から。
39） これまでクラブが含まれた3号営業（ダンスと飲食）は、店内の明るさや酒類を提供する時刻によって3類型に分けられた。照度10ルクス（上映前の映画館の明るさに相当）超で、午前0～6時に酒類を出す店は新たに「特定遊興飲食店営業」として、許可制になった。10ルクス以下は「低照度飲食店」として風俗営業、営業時間が午前0時まで、あるいは0時以降に酒類を出さなければ、飲食店営業になる。
40） 2015年11月13日、各道府県警察本部長宛て、警察庁生活安全局保安課長名の通達。
41） 2015年9月18日、警察庁が募集したパブリックコメントの原案から。
42） 聞き取り調査では、議連の事務局長の秋元司議員は規制改革会議への根回しを行っていたと証言しているが、議連と同会議は政治のアクターとして一体の動きをみせていたことの証左である。
43） 一般に税務調査に係わる財務省と選挙違反の取り締まりの権限のある警察庁に対しては、政治家といえども強い姿勢は取りにくいといわれる。本法の改正には政治主導の体制整備が重要な役割を果たしたという結論を導出したが、警察庁が組織資源を動員すれば阻止できなかったわけではないとみる関係者もいた。それでも本法を改正することになったのには、警察庁が強硬な姿勢を取りづらいほど、ダンス規制が実態に合わなくなっていたという問題の性質に起因するものと考えることもできる。
44） Dahl（1972）pp. 76-80.
45） Dahl（2005）chap. 21.
46） Bachrach and Baratz（1962）.

終　章
市民立法を進める要因

　第1章で市民立法の議論は、議員立法か閣法かという二項対立に帰着すると考えるのではなく、立法過程における参加の実質や制定された法律の内容を検証し、それがどの程度、市民の要望を反映するものであるかという点をみていく必要があることを指摘し、ここまで5本の法律について立法過程を検証した。
　児童虐待防止法の立法過程（第2章）からは、法律や福祉、医療の専門職が形成したネットワークの存在が立法活動を支えていたことがわかった。性同一性障害者特例法の立法過程（第3章）では、政策起業家としての議員の存在が大きかったが、この輩出条件を明らかにした。発達障害者支援法の立法過程（第4章）では、市民の影響力資源として専門知に焦点を当てて分析を行った。自殺対策基本法の立法過程（第5章）では、政策起業家の存在とこれを支えるネットワークの相互依存の関係を明らかにし、市民立法における政策起業家の固有の役割を提唱した。風営法改正の立法過程（第6章）では、政治改革後の政治優位の体制整備が、立法環境を変化させていることを明らかにした。
　ここでは限られた事例からであるが、市民立法を進める要因を第1章で設定した4つの視角に基づき検討する。そのうえで、市民立法のキーワードである直接性について検討したい。さらに事例のなかでみられた市民立法を進めるアクターに共通する固有の要素を明らかにする。

1　外部環境

　第1に少数政党の主張が議員立法を通じて提案され、成立されやすくなっているのだろうか。
　この点について、児童虐待防止法、発達障害者支援法に関しては、与党議員や他党の協力は不可欠であったものの、アジェンダ設定の段階で少数政党の意向が働いていた。連立政権の常態化や憲法改正を視野に入れた多数派確保に向

けて、少数政党の意向が働きやすくなる状況は続くだろう。与党の掲げる主要政策の領域を侵さない、かつ公益に関わるような野党が反対しづらい提案であれば成立する可能性は高いものと考えられる。

　第2に、政権交代の可能性を視野に入れつつ、各党の政策形成力をアピールするために、議員立法が使われており、市民の要望がくみ上げられる可能性が高まっているのだろうか。

　この点について、自殺対策基本法はねじれ国会のはざまで、参議院での優越を基盤として野党が主導していた。児童虐待防止法や発達障害者支援法でも、委員会での審議の過程で与野党双方から政策案の提示があった。超党派の議員立法であったが、どの政党も自党の主導をアピールしていた。児童虐待や発達障害はすそ野が広く、一般の関心を呼びやすいテーマであった。

　議員立法の類型の1つとして野党の先取り法案があり、成立の見込みがなくても法案を提出することで与党の攻撃材料としたり、自党の存在意義を示すためのイデオロギカルな提案もあった。しかし、今日では政権交代の可能性を視野に入れ現実的な提案をせざるを得ない。テーマとしても一般にわかりやすい市民の生活に身近なものが取りあげられやすく、議員立法を通じて市民の要望がくみ上げられる可能性はあるといえる。

　第3に、政治改革を通じた制度変化が個々の議員に政策立案能力の向上を迫るものとなっていることも、同様の作用を機能させているのだろうか。

　この点について、取り上げた事例には共通にキーパーソンともいうべき政治家の存在があった。発達障害者支援法で自民党のキーパーソンになったのは大臣経験のある議員であったが、近い支援者が問題の認知のためのきっかけをつくっていた。小選挙区制度を前提とした接触密度の濃さは、議員が政策を取り上げるモティベーションを高める方向に働く。風営法改正で中心となっていた自民党議員は、風俗営業の集積がみられる東京の下町を小選挙区とするが、世襲の野党議員と選挙を戦い、比例で復活した。政策立案力のアピールは有権者の支持を得るのにプラスの作用を及ぼすだろう。性同一性障害者特例法については自民党の参議院議員を中心に立法活動が進んだが、先進的なテーマを取り上げることが支持団体からも好感を持って迎えられることを指摘した。この議員は法務大臣にまで昇進した。いずれも本事例が再選や昇進の決定的な誘因と

なっているとはいえないが、小選挙区制度の導入による有権者との接触密度の変化や、官邸が力をもつことによる与党内部の人材登用の方法の変化が、政治家の政策立案や市民の要望に向き合う姿勢を変化させていることが考えられる。また、政治改革という制度変化自体が政治家の指向性を反映させやすくするものであり、政治家の選好との一致という限定付きで市民の要望が反映される可能性が広がっている。

第4に立法爆発という状況があり、既存の秩序の枠組みに位置づけられてこなかったグループが、再構築の機会に乗じて、自らの要望を実現させる余地が生まれているのだろうか。

この点について、発達障害者支援法は既に認められた3障害に対し、医療研究の進歩から明らかになった第4の障害に係わる法律にあたる。3障害との統合はかなわなかったものの、3障害の制度を再構築する時期にあたったことは、新たな障害を受け入れやすい環境でもあっただろう。性同一性障害者特例法もジェンダーへの理解が一定程度進んだ後の、新しい権利概念構築のための立法であった。自殺対策基本法制定の後には、これの法制化を推進した団体の1つが、続いて過労死等防止対策推進法の制定に動いた経緯がある。児童虐待防止法の制定の後には、子どもの貧困対策推進法や後に暴力三法といわれるようになるDV法や高齢者虐待防止法が制定された。1つの問題解決が同じような領域の社会問題に一般の関心を向けさせるきっかけになり、関係者の間で法制化のモティベーションを高める効果が想定される。立法爆発という状況は制度の再構築や新たな問題への対応を迫られた結果であると考えられるが、こうした状況の下では、新たな問題について法制化を図ることへの障壁が低くなっているともみられる。

また、ここで取り上げた事例のうち1つは基本法を名打つものであった。発達障害者支援法も内容からみれば抽象的な規定を定めるものであった。このことが法制化のハードルを低くしたことは指摘したが、補足すると、制定法全体のなかで近年、基本法や特例法が増加している。基本法についてみると、2015年9月末時点で、基本法を名称に付した法律は48本あったが、このうち、元号が昭和の時代に制定されたものは7本にすぎない。この要因については別途検討が必要であるが、立法件数が増加していることと同様の理由とともに、中央

集権体制の揺らぎによって、立法府が積極的に行政権の内容に踏み込めない状況を示しているように思われる。閣法を通じて提案しても限界は免れない。国に大きな枠組みづくりを求めつつ、実施段階での参加や監視によって政策を規定していく余地が増加しているものと考えられる。実際、自殺対策基本法でも発達障害者支援法でも、法律制定後の市民活動の活発化がみられた。

以上、ここで取り上げた事例から、連立政権の成立や政治改革後の制度変化といった政治的機会構造の変化が市民立法の実現を後押ししていること、既存の秩序の枠組みが再構築を迫られている社会環境の変化もこれを進める要因となっていることを指摘した。

2　直接性から

一方で、直接性をキーワードとする市民立法であるが、政治家との関係性のなかで実現される限界があるのだろうか。

この点について、前節で挙げた4つの要素のうち、最初の3つは政治的機会構造に係るものであった。立法活動が政治に制約されるのは当然なのであるが、直接請求の制度のないなかでは、市民の要望は政治家を媒介として提案されるしかなく、より大きな意味をもつ。序章で市民立法の定義を検討するなかで、市民団体の関与による立法とされていたものが政治主導の政策形成として書き換えられたことをみたが、この修正も市民立法がブームのようにいわれた後に、現実を直視した結果であるといえよう。

事例のなかでは、性同一性障害者特例法と自殺対策基本法で、政策起業家としての政治家の存在が決定的な役割を果たしていた。このことは、市民の要望が政治家の属人性に依拠して実現されるという制度的な基盤の弱さを露呈するものである。

特定非営利活動促進法の施行後、市民という言葉が耳目を集め、本法の立法過程が市民立法の代表例であるように取り上げられたが、その後議論が広がらないことは、経年でみれば実態の蓄積の乏しさの裏面であるかもしれない。

一方で、議員立法が直接請求の代替として期待されるという点からいえば、直接性という点になお留保が残るものの、政治主導に向けた改革の上に立ち、

政治家との連携を通じた立法活動の可能性は逆に高まったともいえる。実際、風営法改正には政治主導の体制整備が決定的な役割を果たしていた。とはいえ、政治家を動かすためには、市民の地道な活動の裏づけが必要になる。

市民団体にとって日常の活動の重要性については既に指摘した。本書で取り上げた事例に関していえば、発達障害者支援法は2016年５月に就労支援を強化する形で改正された。自殺対策基本法も2016年３月に改正された。最初の法律の制定以降も市民団体は法律の施行効果を注視し、実施段階に参画しつつ問題を発見し、提言を続けていた。その成果が実ったものだ。

加えていえば、本格的な直接請求制度の導入は難しいかもしれないが、市民参加のための制度の整備が望まれる。自治体では独自の自治基本条例や市民参加条例の策定が進み、これを根拠として、条例制定に関して市民参加を促す事例も増えてきた。発議だけでなく、内容に関しても市民の意見を取り入れようという動きである。一方で、国会改革については、これまで議員立法の活発化や審議機能の充実等の提言がなされ、形になったものもあるが、市民参加を促す改革の動きはみられない。こうしたなかで、請願権が憲法に記載された市民固有の権利であるという観点から、国会への参加制度の構築に関する市民からの提案もされている。[4]

最後に直接性というキーワードを行政との関係を含めて考えてみたい。基本法の増加傾向と、実施段階での参加や監視の必要性について既に言及した。法が政策を規定しきれない状況は、財政制約のなかで、政治家、官僚といった政策エリートが資源配分に関して大きな影響力を行使できないことを示しているように思われる。しかし、このことは逆に市民参加の余地の拡大というようにも捉えられ、直接的な参加の機会は広がっているともいえる。基本的な枠組みが定められたなかで、それを実質化するために、要望や提言を挙げていくことの必要性が今日高まっている。

法の理念を生かすための事業レベルでの具体化は基礎自治体にかかっており、身近な政府である市町村を通じた直接的な参加の可能性を探る必要がある。自殺対策基本法の制定について、社会過程における市民固有の役割について論じたが、政策の形成は法律をつくることで終わるのではなく、アジェンダの設定や実施の段階を含めて政策形成とすることで、[5]直接性というキーワード

からみた市民参加の可能性は大きく広がるものと考えられる。

3 アクターに係るもの

　序章で合理的行為者論とイシュー・ネットワーク論を紹介した。イシュー・ネットワークの存在は市民立法の可能性を大きく高めるものと考えられた。実際、本書で取り上げた事例から法律の制定が政策形成に係わる参加者のネットワーク活動の成果である事例があることを確かめられた。イシュー・ネットワークの存在を想定するのならば、アクターの戦略や方向性の設定がその可能性を高めるともいえる。

　制度的な基盤が不十分という限界を前提としつつ、市民が立法を進めるために何が必要なのだろうか。若干のマニュアル的な要素を含めアクターに求められる要因を検討する。

（1）政治家とのネットワークの形成
　直接請求の制度基盤がないなか、本書での検討を通じ、発議の主体として政治家の役割が決定的に重要であることが強調されるところであった。取り上げた事例ではいずれも濃淡はあれキーパーソンといえる政治家の存在があった。特定の候補者を組織内候補として国政に送り込む力がないものにとっても、小選挙区制度の導入によって政治家の存在は身近になっており、ネットワークの構築はしやすくなっている。政治家の行動を誘引する資源に乏しいという前提でも、公益的な争点の制定により政治家の行動を誘引できる可能性はある。

（2）専門家の存在
　政策形成が知的な営みであるという視点からみると、本書で取り上げた事例では共通にその問題に関する専門家の存在があり、委員会や研究会の場に召致され意見を表明していた。専門職や研究者の立場にあって現場の問題を知悉し、現行の制度の問題と結びつけて指摘することは、新たな政策を形成する上で重要な視角を提示することになる。現場の問題と政策の場とを架橋する役割である。議員は新しい問題への関心をもちながら多忙であり、常に情報を求め

ている。問題を指摘しつつ簡潔に争点を提示することができる存在は、政治家にとっても有益である。[6]

（3）独自情報の発信

　政治家や行政を動かすだけの有効な資源に欠けるなかでも、市民固有の資源と考えられるものに情報がある。児童虐待防止法や自殺対策基本法では、実態を取りまとめ明るみに出すことが社会に問題提起する第一歩となった。この点は第5章で、イシュー・ネットワークに参加するための社会活動の経験を踏まえた知的な営みの必要性として論じた。省庁の情報収集力は強大であるが、新しい問題、制度の谷間にある問題については対応されていない場合が多く、ノウハウの蓄積もないままである。問題を明るみに出すだけでは請願の種といった扱いになりがちであるが、制度や政策の問題と結びつけ、対策の方向性を示すことは法制化の第一歩になる。

（4）世論の支持の獲得

　対象が少数であるなど、政治を動かす資源に乏しい限界を前提にして、外部に資源を獲得する世論の支持の獲得が望ましい。自殺対策基本法では、マスコミへの情報提供が意図的に進められていた。風営法改正ではSNSを使った支持拡大が図られていた。不特定多数のアトム化された個人の支持がどこまで政治家の行動を誘引するかについては、不透明な部分が大きい。マスコミを媒介とした世論の支持は、決定的な推進力とはならないともいわれるが、可能性を広げるという点では必要である。

（5）公益的な争点の設定

　政治家の行動を誘引するために公益的な争点の設定が必要である。児童虐待防止法では子どもの人権の尊重といった問題設定がなされていた。自殺対策基本法では経済政策に触れることを回避して人道問題という設定がなされ、風営法改正ではミスリードと指摘するものもあったが表現の自由が前面に掲げられた。与野党の政治的な対立を避けるために、多数の共感を得られるような打ち出し方が必要である。公益を訴えることは法律制定の成果を抽象的なレベルに

とどめる危険も有するが、政策的な対応を進めるための最初の段階と捉え、具体的な成果の実現に向けて継続的に関わっていけばよい。

(6) アドボカシー活動の継続

政策の果実を得るためには長期的な係わりが必要である。児童虐待防止法は必要性が認識されてから制定までに20年以上かかった。政治家として係るものは交代していったが、市民の間には長くこの問題に係わり続けたものが多かった。法律が制定された実質を確保するためには、制定後も係わり続けることが必要である。市民のもつ資源に限界があるなかで、長く関わることで蓄えた知見を資源としアドボカシー活動に生かしていくとともに、法律制定の効果を社会で生かすためにも継続して活動していく必要がある。

4　最後に（残された課題）

ここまで市民立法に係わる学術的な蓄積をみて、立法活動を支える国会の立法動向、事例の検討を行い、市民立法を進める要因を明らかにした。

論者の力量を省みて非力を恥じるところもあるが、最後に本書で言及できなかったいくつかの要素を挙げておきたい。

第1に、市民立法の対象の範囲についてである。ここでは市民立法の対象として経済的な利益を追求するものを除いていたが、マイノリティに対する分配政策や広く社会問題を解決するための再分配政策まで視野に入れて事例を選定することも必要であろう。政策形成が知的な営みである以上に、現実の政治過程に取り込まれて法制化の困難が予測されるが、こうした事例には触れられなかった。さらに、社会に向けて負荷をかける規制政策も、立法活動にあたる市民がどこまで受け入れるかといった検証が必要である。環境に係わる立法などが対象となろう。

第2に、政治過程論、政策過程論の体系のなかで市民立法を位置づけることである。序章で合理的行為者論とイシュー・ネットワーク論を挙げて、本書における事例研究の意義を主張した。個別の事例をとってみれば、それぞれの事例について設定した枠組に対して一定の知見を示したのではないかと思うが、

終章　市民立法を進める要因　163

5つの事例から得られた知見を統合して市民立法に固有の新しい枠組みを提示するまでに至らなかった。例えば、第5章では政策過程と社会過程をつなぐ政策起業家の役割を提示し、併せて市民団体の役割を社会過程における法律の実質化にあるとした。さらにこれらのことから政策形成の概念を広げる必要があるという知見を提示した。本章で直接性を検討するに際しても、市民参加の余地が拡大する状況下での、課題の設定や実施段階まで含めた政策形成の可能性を提示した。こうした知見を既往の体系と照らし合わせ、理論的な精査をする必要があったであろう。また、政治家との関係性が一つの焦点になることを示したことも本書の成果だと考えるが、こうした視点を踏まえつつ政策体系のなかにどう位置づけるかという点も必要である。

第3に、個別の事例から得られるミクロレベルの立法化を推進する要因を精査することである。本書では市民立法を進める要因として外部環境を中心とした分析になった。社会環境をマクロレベル、政治的機会構造をメゾレベルとすれば、アクターに固有の要因はミクロレベルの分析になるが、ここではマニュアル的な要素として要因の指摘に留まった。アジェンダ設定からアウトプットまでの段階に応じた要因の分析を行い、既存の体系と照らしながらより抽象化したモデルとして提示することが必要であろう。

こうして書くと残された課題の多さが気になるが、本書の試みがいくばくかの学術的な貢献に資することを願っている。

1）　橘（2004）。大森・鎌田編（2006）51頁、120頁。直近の3ヶ年をみると、2015年に都市農業振興基本法、2014年に水循環基本法、小規模企業振興基本法、サイバーセキュリティ基本法、アレルギー疾患対策基本法、2013年に交通政策基本法、国土強靱化基本法、アルコール健康障害対策基本法が制定された。
2）　後に全面改正された林業基本法、消費者保護基本法の2本を除く。
3）　なお、橘（2004）は、国会が行政監視機能を果たすための有効な手段として積極的に位置づけている。
4）　特定非営利活動法人　市民がつくる政策調査会による「請願制度改革　国会への市民参加制度の第一歩として」（2012年2月10日）では、請願の内容を提案型と苦情型に分け、各議院内に「請願委員会」を設け審査することを提案している。
5）　本書では第5章で、社会過程における活動を含めて市民立法とする立場をとったが、政策過程全般について考察したものとして、衛藤（1993）がある。研究者の関心が一部

の政策エリートに向けられているため政策過程の捉え方が政策の形成や決定過程に限定されていることを問題視し、実施段階での政策形成や決定の可能性に注目して、政策課題の設定や実施までを含め政策過程とする（38頁）。
6) Lindblom (1993) pp. 82-84.

参考文献

秋吉貴雄・伊藤修一郎・北山俊哉（2010）『公共政策学の基礎』有斐閣。
浅野昌彦（2007）「政策形成過程における NPO 参加の意義の考察―政策実施過程から政策形成過程へ」『ノンプロフィット・レビュー』日本 NPO 学会、7 巻、25-34頁。
芦部信喜編（1965）『現代の立法 3』岩波書店。
足立幸男（2009）『公共政策学とは何か』ミネルヴァ書房。
荒井英治郎（2011）「教育法制研究の課題と方法―静態的法制研究から動態的法制研究へ」『教職研究』4 巻、25-81頁。
五十嵐敬喜（1994）『議員立法』三省堂。
五十嵐敬喜・勝田美穂・萩原淳司（2005）『ポスト公共事業社会の形成―市民事業への道』法政大学出版局。
石田勝之（2005）『子どもたちの悲鳴が聞こえる』中央公論事業出版。
石田徹（1987）「現代日本の政治過程・政治体制の分析方法をめぐって―「日本型多元主義」の議論を中心に」『社会科学研究年報』龍谷大学社会科学研究所、17号、149-176頁。
石田仁（2008）『性同一性障害―ジェンダー・医療・特例法』御茶の水書房。
磯部涼（2012）『踊ってはいけない国、日本』河出書房新社。
磯部涼（2013）『踊ってはいけない国で、踊り続けるために』河出書房新社。
伊藤光利・田中愛治・真渕勝（2000）『政治過程論』有斐閣。
猪口孝（1983）『現代日本政治経済の構図―政府と市場』東洋経済新報社。
猪口孝・岩井奉信（1987）『「族議員」の研究―自民党政権を牛耳る主役たち』日本経済新聞社。
岩浅昌幸・進藤榮一（2008）「公共政策学の理論と手法―「政策の窓モデル」と「唱導連携モデルをめぐって」『情報と社会　江戸川大学紀要』江戸川大学18号（2008年 2 月号）145-151頁。
岩井奉信（1988）『立法過程』東京大学出版会。
岩崎正洋編著（2012）『政策過程の理論分析』三和書籍。
植木祐子（2011）「児童虐待防止のための親権制度の見直し―民法等の一部を改正する法律案」『立法と調査』参議院事務局企画調整室、320号（2011年 9 月号）3-11頁。
内田満（1988）『現代アメリカ圧力団体』三嶺書房。
江口隆裕（1993）「立法過程における意見調整システムとその限界」『北大法学論集』43巻 6 号（1993年 3 月号）13-16頁。
衛藤幹子（1993）『医療の政策過程と受益者―難病対策にみる患者組織の政策参加』信山社出版。
榎並利博（2015）「立法爆発とオープンガバメントに関する研究―法令文書における「オープンコーディング」の提案」『研究レポート』富士通総研経済研究所（2015年 3

月号）1-86頁。
大石眞（1997）「国会改革をめぐる憲法問題」『法學論叢』京都大學法學會、141巻6号（1997年9月号）1-24頁。
大嶽秀夫（1990）『政策過程』東京大学出版会。
大嶽秀夫・鴨武彦・曽根泰教（1996）『政治学』有斐閣。
大嶽秀夫（1996）『現代日本の政治権力経済権力─政治における企業・業界・財界〔増補新版〕』三一書房。
太田誠一・田中甲・池坊保子・石井郁子・保坂展人（2001）『きこえますか子どもからのSOS』ぎょうせい。
大森政輔・鎌田薫編（2011 [2006]）『立法学講義〔補遺〕』商事法務。
奥克彦（2004）「児童虐待防止法の一部を改正する法律」『ジュリスト』1276号（2004年10月1日号）90-94頁。
小田実・早川和男・伊賀興一・山村雅治（1996）「被災者公的援助のための「市民立法」を提唱する」『世界』岩波書店（1996年10月号）85-95頁。
カイパパ（2005）『ぼくらの発達障害者支援法』ぶどう社。
勝田美穂（2012）「自殺対策基本法の制定過程─「市民立法」の観点から」『日本地域政策研究』第10号、35-44頁。
勝田美穂（2013）「発達障害者支援法の立法過程─市民の役割と影響力の観点から」『臨床政治学研究』第3号、1-19頁。
勝田美穂（2014）「性同一性障害者特例法の立法過程─市民と政策起業家の観点から」『臨床政治学研究』第5号、1-17頁。
蒲島郁夫（1986）「マス・メディアと政治─もう一つの多元主義」『中央公論』中央公論社、2号、110-130頁。
蒲島郁夫（1990）「マス・メディアと政治」『レヴァイアサン』木鐸社、7巻、7-28頁。
加納知行（2013）「政策アイデアのモデル」大山耕輔監修・笠原英彦・桑原英明編著『公共政策の歴史と理論』ミネルヴァ書房。
上川あや（2007）『変えてゆく勇気』岩波書店。
亀田進久、（2007）「自殺と法─自殺対策基本法の成立を中心に」『レファレンス』国立国会図書館調査及び立法考査局（2007年6月号）7-29頁。
神庭亮介（2015）『ルポ風営法改正』河出書房新社。
京俊介（2009）「政策形成に対する利益集団の影響力─著作権法全面改正における事例間比較」『阪大法学』58巻5号。
久米郁男・川出良枝・古城佳子・田中愛治・真渕勝（2011）『政治学〔補訂版〕』有斐閣。
河野久（2000）「議員立法─実務的見地から」『ジュリスト』有斐閣（2000年5月15日号）84-86頁。
河野勝（2009）「政策・政治システムと「専門知」」久米郁男編『専門知と政治』早稲田大学出版局。
小島廣光（2003）『政策形成とNPO法』有斐閣。

子どもの虐待防止ネットワーク・あいち（1998）『見えなかった死—子ども虐待データブック』キャプナ出版．
古賀豪・桐原康栄・奥村牧人（2010）「帝国議会および国会の立法統計—法案提出件数・成立件数・新規制定の議員立法」『レファレンス』国立国会図書館（2010年11月号）117-156頁．
小島廣光（2003）『政策形成と NPO 法』有斐閣．
小林直樹（1984）『立法学研究—理論と動態』三省堂．
斉藤淳（2010）『自民党長期政権の政治経済学—利益誘導政治の自己矛盾』勁草書房．
斉藤貴弘（2015）「今回の風営法改正問題、実際の動き、これからの方向性」憲法理論研究会編『対話と憲法理論』敬文堂、107-120頁．
坂本治也（2012a）「政策過程における NPO」辻中豊・坂本治也・山本英弘編著『現代日本の NPO 政治』木鐸社、109-147頁．
坂本治也（2012b）「NPO の政治的影響力とその源泉」辻中豊・坂本治也・山本英弘編著『現代日本の NPO 政治』木鐸社、149-182頁．
佐々木正太郎（2005）「連立政権時代の議員立法」『大東法政論集』13号、89-125頁．
佐藤誠三郎・松崎哲久（1986）『自民党政権』中央公論社．
佐藤満（2014）『厚生労働省の政策過程分析』慈学社出版．
自殺実態解析プロジェクトチーム（2008）「自殺実態白書2008〔第2版〕」特定非営利活動法人 自殺対策支援センターライフリンク（未公刊）．
市民立法機構編（2001）『市民立法入門』ぎょうせい．
城山英明・鈴木寛・細野助博編著（1999）『中央省庁の政策形成過程』中央大学出版部．
杉田敦（2000）『権力』岩波書店．
竹田香織（2010）「マイノリティをめぐる政治過程分析のための理論的考察」『GEMC journal』東北大学グローバル COE「グローバル時代の男女共同参画と多文化共生」編集委員会、第3号、148-156頁．
橘幸信（2002）「NPO 法の立法過程から見た「市民立法」の課題と展望」山本啓・雨宮孝子・新川達郎編著『NPO と法・行政』ミネルヴァ書房．
橘幸信（2004）「実務から見た最近の法律の特徴的な傾向」『法学セミナー』日本評論社、11巻599号、38-41頁．
橘幸信（2008）「議員立法から見た「ねじれ国会」・雑感—「ねじれ国会」で何が、どう変わったのか？」『ジュリスト』有斐閣、1367号（2008年11月15日号）89-125頁．
建林正彦（2004）『議員行動の政治経済学—自民党支配の制度分析』有斐閣．
谷勝宏（1995）『現代日本の立法過程』信山社出版．
谷勝宏（1997）「議員立法の機能化に関する実態分析」『名城法学』47巻3号（1997年12月号）183-188頁．
谷勝宏（2003）『議員立法の実証研究』信山社出版．
高畠通敏（1984）『政治学への道案内〔増補・新版〕』三一書房．
高畠通敏（1993）『生活者の政治学』三一書房．

高畠通敏（1997）『政治の発見』岩波書店。
茅野千江子（2015）「議員立法序説」『レファレンス』国立国会図書館（2015年9月号）1-28頁。
茅野千江子（2016）「議員立法はどのように行われてきたか」『レファレンス』国立国会図書館（2016年1月号）31-62頁。
辻琢也（1990）「多元主義モデルと日本政治」『相関社会学』東京大学教養学部教養学科第三、第1号、50-63頁。
辻中豊（1988）『利益集団』東京大学出版。
辻中豊編著（2002）『現代日本の市民社会・利益団体』木鐸社。
辻中豊・森裕城編著（2010）『現代社会集団の政治機能』木鐸社。
辻中豊・坂本治也・山本英弘編著（2012）『現代日本のNPO政治』木鐸社。
虎井まさ衛（2003）『男の戸籍をください』毎日新聞社。
内閣府各年版『自殺対策白書』
中野実（1992）『現代日本の政策過程』東京大学出版会。
永井良和（1991）『社交ダンスと日本人』晶文社。
永井良和（2002）『風俗営業取締り』講談社。
永井良和（2015）『定本　風俗営業取締り』河出書房新社。
新川達郎（2005）「NPOのアドボカシー機能」川口清史・田尾雅夫・新川達郎編『よくわかるNPO・ボランティア』ミネルヴァ書房、178-179頁。
西尾隆（2012）『現代行政学』放送大学教育振興会。
南野知惠子監修（2004）『解説　性同一性障害者性別取扱特例法』日本加除出版。
南野知惠子（2010）『思い出の立法―十八年間の軌跡』自由民主党東京都参議院比例区第六十八支部（未公刊）。
南野知惠子代表（2013）『性同一性障害の医療と法』メディカ出版。
馳浩（2008）『ねじれ国会方程式』北國新聞社。
初谷勇（2001）『NPO政策の理論と展開』大阪大学出版会。
発達障害者支援法ガイドブック編集委員会編（2005）『発達障害者支援法ガイドブック』河出書房新社。
発達障害の支援を考える議員連盟編著（2005）『発達障害者支援法と今後の取組み』ぎょうせい。
針間克己・大島俊之・野宮亜紀・虎井まさ衛・上川あや（2013）『性同一性障害と戸籍〔増補改訂版〕』緑風出版。
福祉行政法令研究会（2012）『障害者総合支援法がよ〜くわかる本』秀和システム。
福島豊（2010）『軌跡』（未公刊）。
藤村コノヱ（2009）「立法過程におけるNPOの参加の現状と市民立法の課題」『ノンプロフィット・レビュー』日本NPO学会（2009年12月号）、Vol. 9、27-37頁。
本橋豊編著（2007）『自殺対策ハンドブックＱ＆Ａ』ぎょうせい。
松下圭一（1971）『シビル・ミニマムの思想』東京大学出版会。

松下圭一（1975）『市民自治の憲法理論』岩波書店。
松下圭一（1991）『政策型思考と政治』東京大学出版会。
松田憲忠（2012）「キングダンの政策の窓モデル」岩崎正洋編著『政策過程の理論分析』三和書籍、31-46頁。
的場敏博（1986）「自民党の政策決定過程」中野実編著『日本型政策決定の変容』東洋経済新報社、156-180頁。
真渕勝（1998）「静かな予算編成―自民党単独政権末期の政治過程」『レヴァイアサン』木鐸社（1998年臨時増刊号）44-56頁。
真渕勝（2006）「官僚制の変容―萎縮する官僚」村松岐夫・久米郁男編著『日本政治変動の30年―政治家・官僚・団体調査に見る構造変容』東洋経済新報社、137-158頁。
丸山仁（2001）「新しい社会運動で政治を変える」平井一臣・畑山敏夫編『実践の政治学』法律文化社。
御厨貴・牧原出（2011）『聞き書　武村正義回顧録』岩波書店。
宮川公男（2002）『政策科学入門〔第2版〕』東洋経済新報社。
村上泰亮（1987）『新中間大衆の時代』中央公論社。
村松岐夫（1981）『戦後日本の官僚制』東洋経済新報社。
村松岐夫・伊藤光利・辻中豊（1986）『戦後日本の圧力団体』東洋経済新報社。
村松岐夫（1998）「圧力団体の政治行動」『レヴァイアサン』木鐸社（1998年臨時増刊号）7-22頁。
村松岐夫・伊藤光利・辻中豊（2001）『日本の政治〔第2版〕』有斐閣。
村松岐夫・久米郁男編著（2006）『日本政治変動の30年―政治家・官僚・団体調査に見る構造変容』東洋経済新報社。
村松岐夫（2010）『政官スクラム型リーダーシップの崩壊』東洋経済新報社。
森脇俊雅（2010）『政策過程』ミネルヴァ書房。
安章浩（2006）「公共政策論概説―その成立背景・研究領域・展望」上條末夫編著『政策課題』北樹出版。
山本孝史（1998）『議員立法』第一書林。
山村雅治・市民＝議員立法実現推進本部（1999）『自録「市民立法」―阪神・淡路大震災―市民が動いた！』藤原書店。
寄本勝美（1998）『政策の形成と市民』有斐閣。
笠京子（1988）「政策決定過程における「前決定」概念（2）完」『法学論叢』京都大学法学会、124巻1号、91-125頁。
DV法を改正しよう全国ネットワーク（2006）『女性たちが変えたDV法』新水社。

Bachrach, Peter and Morton S. Baratz (1962) "Two Faces of Power" *The American Political Science Review,* Vol. 56, No. 4, pp. 947-952.
Ball, Alan R. and Frances Millard (1986) *Pressure Politics in Industrial Societies: A Comparative Introduction,* Basingstoke: Macmillan.（藤岡祐次郎・開沼正訳『圧力団

体政治―東西主要国の比較分析』三嶺書房、1997年)
Berry, Jeffrey M (1977) *Lobbying for the People: The Political Behavior of Public Interest Groups*, Princeton, N. J.: Princeton University Press.
Berry, Jeffrey M (1999) *The New Liberalism: The Rising Power of Citizen Groups*, Washington: Brookings Institution Press. (松野弘監訳『新しいリベラリズム―台頭する市民活動パワー』ミネルヴァ書房、2009年)
Berry, Jeffrey M. and Clyde Wilcox (2009) *The Interest Group Society*, Boston: Longman, Fifth Edition.
Calder, Kent E (1991) *Crisis and Compensation: Public Policy and Political Stability in Japan, 1949-1986*, New Jersey: Princeton Univ Press; Reprint. (淑子カルダー訳『自民党長期政権の研究―危機と補助金』文藝春秋、1989年)
Christopoulos, Dimitrios and Karin Ingold (2011) "Distinguishing between Political Brokerage & Political enterpreneurship", *Procedia Social and Behavioral Sciences* 10, pp. 36-42.
Cohen, Michael D., James G. March, and Johan P. Olsen (1972) "A Garbage Can Model of Organizational Choice", *Administrative Science Quarterly*, Vol. 17, pp. 1-25.
Cohen, Nissim (2011) "Policy Enterpreneurs and the Design of Public Policy: Conceptual Framework and Case of the National Health insurance Law in Israel", *Working paper series, The Open University of Israel*, No. 7, pp. 1-41.
Dahl, Robert A (1972) *Polyarchy: Participation and Opposition*, New Haven: Yale University Press. (高畠通敏・前田脩訳『ポリアーキー』岩波書店、2014年)
Dahl, Robert A. (1986) *A Preface to Democratic Theory*, Chicago: The University of Chicago Press. (expanded ed. 2001.) (内山秀夫訳『経済デモクラシー序説』三嶺書房、1988年)
Dahl, Robert A (1991) *Modern Political Analysis*, Englewood Cliffs, N. J.: Prentice-Hall. (高畠通敏訳『現代政治分析』岩波書店、2012年)
Dahl, Robert A (2005 [1961]) *Who Governs ?: Democracy and Power in an American City*, New Haven: Yale University Press. (河村望、高橋和宏監『統治するのはだれか―アメリカの一都市における民主主義と権力』行人社、1988年)
Dahl, Robert A. and Ian Shapiro. (1998) *On Democracy: Second Edition*, New Haven: Yale University Press. (2nd ed. 2015) (中村孝文訳『デモクラシーとは何か』岩波書店、2001年)
Dudley, Geoffrey, and Jeremy Richardson (1996) "Why Does Policy Change Over Time ? Adversarial Policy Communities, Alternative Policy Arenas, and British Trunk Roads Policy 1945-95", *Journal of European Public Policy*, Vol. 3, March, pp. 63-83.
Fenno, Richard F (1978) *Home Style: House Members in Their Districts*, New

York: Harper Collins Publishers.

Heclo, Hugh (1974) *Modern Social Politics in Britain and Sweden: From Relief to Income Maintenance*, New Haven: Yale University Press.

Heclo, Hugh (1978) "Issue Networks and the Executive Establishment", *The New American Political System*, Washington: American Enterprise Institute for Public Policy Research pp. 87-124.

Ingold, Karin (2011) "Network Structures within Policy Processes: Coalitions, Power, and Brokerage in Swiss Climate Policy", *Policy Studies Journal*, 39-3, pp. 435-459.

Kingdon, John W (1977) "Models of Legislative Voting", *The Journal of Politics*, Vol. 39, pp. 563-595.

Kingdon, John W (2003) *Agendas, Alternatives, and Public Policies, Second Edition*, New York: Longman.

Lindblom, Charles E. and Edward J. Woodhouse (1992) *The Policy-Making Process*, 3rd ed. Englewood Cliffs, N. J.: Prentice Hall.（藪野祐三・案浦明子訳『政策形成の過程』東京大学出版会、2004年）

Mayhew, David R (1974) *Congress: The Electoral Connection*, New Haven: Yale University Press.

Mills, C. Wright (1956) *The Power Elite*, New York: Oxford University Press.（鵜飼信成・綿貫譲治訳『パワー・エリート 上・下』東京大学出版会、2000年）

Mintrom, Michael (2000) *Policy Entrepreneurs and School Choice*, Washington: Georgetown University Press.

Mintrom, Michael and Phillipa Norman (2009) "Policy Entrepreneurship and policy change", *Policy studies Journal*, Vol. 37, pp. 649-667.

Muramatsu, M., E. Krauss (1987) "The Conservative Policy Line and the Development of Patterned Pluralism", *The Political Economy of Japan*, Vol. 1, Stanford University Press, pp. 516-554.

Nohrstedt, Daniel (2011) "Shifting Resources and Venues Producing Policy Change in Contested Subsystems: A Case Study of Swedish Signals Intelligence Policy", *Policy Studies Journal*, 39-3, pp. 461-484.

Olson, Mancur (1971) *The Logic of Collective Action: Public Goods and the Theory of Groups*, Cambridge: Harvard University Press.（依田博・森脇俊雅訳『集合行為論―公共財と集団理論〔新装版〕』ミネルヴァ書房、1996年）

Presthus, Robert. (2010) *Elites in the Policy Process*, Cambridge: Cambridge University Press.

Ramseyer, J. Mark, and Frances McCall Rosenbluth (1997 [1993]) *Japan's Political Marketplace*, Cambridge: Harvard University Press.（加藤寛監訳、川野辺裕幸・細野助博訳『日本政治の経済学―政権政党の合理的選択』弘文堂、1995年）

Sabatier, Paul A., Christopher M. Weible (2014) *Theories of the Policy Process*, 3rd.

ed., Boulder: Westview Press.
Sabatier, Paul A (1988) "An Advocacy Coalition Framework of Policy Change and the Role of Policy-oriented Learning Therein", *Policy Sciences* 21, pp. 129-168.
Sabatier, Paul A (2007) *Theories of the Policy Process*, 2nd. ed. Boulder: Westview Press.
Sabatier, Paul A (2008) "Top-Down and Bottom-Up Approaches to Implementation Research: a Critical Analysis and Suggested Synthesis" *Journal of Public Policy*, 6 -01, pp. 21-48.
Salisbury, Robert H (1969) "An Exchange Theory of Interest Group", *Midwest Journal of Political Science*, Vol. 13, No. 1, pp. 1-32.
Samuel Huntington (1974) "Paradigms of American Politics: Beyond the One, the Two, and the Many", *Political Science Quarterly*, Vol. 89, No. 1, March, pp. 1-26.
Shepsle, Kenneth A (2006) "Rational Choice Institutionalism", *The Oxford Handbook of Political Institutions*, pp. 23-38.
Thomas, R. Dye (2001) *Top Down Policymaking*, New York: Chatham House Publishers.
Wagner, Richard E (1966) "Pressure Groups and Political Entrepreneurs", *Papers on Non-Market Decision Making*, Vol. 1, pp. 161-170.
Walker, Jack L (1977) "Setting the Agenda in the U.S. Senate: A Theory of Problem Selection", *British Journal of Political Science*, Vol. 7, pp. 423-445.
Weible, Christopher M., Paul A. Sabatier, Hank C. Jenkins-Smith, Daniel Nohrstedt, Adam Douglas Henry, and Peter deLeon (2011) "A Quarter Century of the Advocacy Coalition framework: An Introduction to the Special Issue", *Policy Studies Journal* 39-3, pp. 349-360.
Weible, Christopher M., Tanya Heikkila, Peter deLeon, and Paul A. Sabatier (2012) "Understanding and Influencing the Policy Process", *Policy Sciences* 45, pp. 1-21.
Zahariadis, Nikolaos (1998) "Comparing Three Lenses of Policy Choice", *Policy Studies Journal* 26-3, pp. 434-448.
Zahariadis, Nikolaos (2003) *Ambiguity and Choice in Public Policy: Political Decision Making in Modern Democracies*, Washington: Georgetown University Press.

【ホームページ】
警察庁　http://www.npa.go.jp/
国会会議録検索システム　http://kokkai.ndl.go.jp/SENTAKU/syugiin/main.html
衆議院法制局　http://www.shugiin.go.jp/internet/itdb_annai.nsf/html/statics/housei/html/h-toppage.html
参議院法制局　http://houseikyoku.sangiin.go.jp/index.htm
内閣府　http://www8.cao.go.jp/

内閣府規制改革会議　http://www8.cao.go.jp/kisei-kaikaku/

　なお、本書で取り上げた事例に係る市民団体・グループは直接・間接に及ぶものを含めると多岐にわたり、それぞれのアドレスを記すことはしないが、ホームページをもつ場合には併せて参照したことを記しておく。

あとがき

　2011年3月、岐阜県内の職場に赴任するために東日本大震災の余震で揺れる東京を後にした。長年住み慣れた土地を離れる不安よりは、新しい研究の場に赴く期待感の方が大きかったはずだ。しかしその頃、研究者としては曲がり角を迎えていたように思う。前職はシンクタンクの研究員だった。手掛けていた地域開発の実務のなかで得た問題意識を、公共事業から市民事業への転換の必然性として論じた博士論文は、その5年程前に書き終わっていた。博士課程への進学に際し、フルタイムでの仕事を中断していたので、日々の実務のなかに表現すべきものをみつけることが難しくなっていた。実務家の看板を外して、研究者として何をすべきか長期的に考えていく時期にあったように思う。

　社会人学生として学んだ法政大学大学院では五十嵐敬喜教授に師事した。都市という領域について、実定法を独自の切り口で体系化した『都市法』を著された教授には、修飾語を外してそのものズバリをタイトルに掲げられるような著書を書け、と言われていた。新しい領域を切り拓けるような仕事をしろという意味だと理解した。その時々の関心に引きずられて小さな論文を積み重ねるのではなく、体系を作れるような仕事をしていきたいと秘かに思うところがあった。合わせて、自身が会社員としての生活を離れていたこともあり、何ものでもない自分の立場を生かして何を生み出すのかという遠大な問いを課していた。

　そうしたなかで辿りついたのが「市民立法」というテーマだった。博士論文の頃から扱っていた市民というキーワードを基に、政治との接点を立法という領域に求めたのは、五十嵐教授が行っていた立法学の講義に学んだことと、学部の時には法学部だった自分の経歴が深く関係しているように思う。

　それから6年が経とうとしている。年に1本の事例研究を行って、5本集まったら共通する論点を抽出して本にしようという秘かな計画は予定より1年遅れた。慣れない学内行政に翻弄されたというのは言い訳かもしれないが、ようやく本書を刊行することができた。執筆中から、一つの領域を切り拓いたと

思えたならばタイトルを『市民立法』にしようと考えていた。しかし、できたものを顧みて、そこまでのずうずうしさを持ちえなかったので、タイトルは『市民立法の研究』にさせていただいた。

　というわけで、本書はまだまだ発展途上だと思うのだが、自分で書いたものなりの愛着はある。ここに掲載された論文は、次の論文集に掲載されたものを基にしたが、本書の執筆にあたっていずれも大きく書き換えた。特に第5章は全面的な書き換えを行った。日々進化しているのだと言っておきたい。

　第2章：「児童虐待防止法の立法過程—唱道連携モデルからの分析」『岐阜経済大学論集』第49巻1号（2015年）、1-20頁。
　第3章：「性同一性障害者特例法の立法過程—市民と政策起業家の観点から」『臨床政治学研究』第5号（2014年）、1-17頁。
　第4章：「発達障害者支援法の立法過程—市民の役割と影響力の観点から」『臨床政治学研究』第3号（2013年）、1-19頁。
　第5章：「自殺対策基本法の制定過程—「市民立法」の観点から」『日本地域政策研究』第10号（2012年）、35-44頁。
　第6章：「風営法改正（ダンス規制緩和）の立法過程—多元主義アプローチによる分析」『岐阜経済学論集』第50巻第1号（2016年）、1-22頁。
　なお、序章と第1章、終章は書き下ろした。

　各論文の作成にあたっては、いずれも法律の制定に携わった方々への聞き取り調査を実施した。当事者・支援者として、議院や議員のスタッフとして、議員として、それぞれの立場で働く方々に教えられることは多かった。ご厚意の積み重ねなくしては、決して本書が完成することはなかったと断言できる。この場を借りて謝辞を申し上げたい。

　法政大学大学院では五十嵐敬喜先生に博士論文作成の指導を受けた。武藤博己先生と名和田是彦先生に審査の労を取っていただいた。ご報告させていただくほど大した業績を上げていないことを理由に、日頃ごぶさたしている非礼を詫びつつ、改めて謝辞を表したい。また、他校に先駆けて夜間大学院の開設に踏み切った、政治学専攻の先生方の英断がなければ、私が学術研究の道に転身

することはなかっただろう。開かれた学びの場を提供いただいたことに合わせて感謝申し上げる次第である。

　岐阜経済大学に着任後は、慣れない土地での仕事を石原健一学長と谷江幸雄前学長に支えていただいた。この場を借りて御礼申し上げる次第である。

　また、法律文化社の田靡純子社長には出版事情の悪いなか出版をお引き受けいただいた。編集担当の杉原仁美氏にも丁寧な校正をいただき、感謝を申し上げる次第である。

　こう書きながら、感謝すべき人の多さに思い至るのであるが、全てのお名前を挙げきれない。たくさんの方々に支えられて、日々働けることのありがたさを身に感じながら結びとしたい。

　　2016年11月　紅葉薫る大垣にて

勝田　美穂

索　引

あ　行

アジェンダ ……… 73, 74, 113, 123, 146, 150, 155, 159, 163
圧力団体 ………………………………… 5, 10
アドボカシー ………… 1, 47, 104, 117, 118, 162
委員長提案 …………………………… 24, 28
イシュー・セイリアンス ……………… 75, 77
イシュー・ネットワーク …………………… 161
イシュー・ネットワーク論 …… 16, 38, 117, 162
イデオロギー過程 ……………… 3, 117, 118
影響力 …………………………… 83, 97, 100
エリートモデル ……………… 2, 3, 16, 125, 126

か　行

閣　法 …………………………… 1, 6, 17, 30
カルダー、K.E ……………………………… 15
議員立法 …… 1, 6, 7, 8, 9, 11, 17, 23, 30, 155, 156, 158
基本法 …………………………… 96, 117, 157
キングドン、J.W ………………………… 90
現場知 ……………………………………… 97
公　益 … 2, 5, 7, 8, 9, 10, 11, 15, 17, 27, 30, 156, 161
公益団体 ……………………………………… 4
合理的行為者論 …………………… 14, 162
ゴミ缶モデル ……………………………… 64

さ　行

再　選 ……………………………………… 14
サバティア、P.A ………………………… 38
自殺対策基本法 ……… 19, 28, 103, 105, 156, 157, 158, 159, 161
児童虐待防止法 …… 18, 28, 37, 155, 156, 157, 161
市　民 ………………… 2, 3, 5, 123, 127, 158
市民運動 …………………………… 3, 4, 126
市民参加 ……………………………………… 3
市民団体 ……………………………………… 8
市民立法 …… 1, 6, 8, 9, 10, 11, 13, 23, 27, 30, 117, 155, 158, 162
社会活動 ……………………………… 8, 11, 27
社会過程 ………………… 100, 117, 119, 159, 163
小数政党 ……………………… 31, 34, 95, 156
小選挙区制度 ……………………………… 32, 95
唱道連携フレームワーク ………… 37, 47, 48, 59
政官財のトライアングル ………………… 2, 5, 9
政権交代 …………………… 7, 26, 31, 34, 95, 156
政策エリート …… 83, 84, 96, 97, 98, 99, 159
政策過程 …………………… 2, 117, 119, 163
政策起業家 …… 64, 73, 75, 111, 117, 119, 158, 163
政策サブ・システム ……………………… 38, 48
政策ネットワーク ………………………… 113
政策の言説 ………………………………… 60
政策の流れ ………………… 64, 72, 108, 109
政策の窓 …………………………………… 75
政策の窓モデル ……… 64, 69, 104, 108, 111
政治改革 …………… 23, 32, 34, 156, 157, 158
政治主導 …………………………………… 33
政治的機会構造 …………… 95, 100, 158
政治の流れ ………………… 64, 73, 108, 110
性同一性障害者特例法 …… 18, 28, 63, 156, 157, 158
専門家 …………………………… 71, 117, 160
専門知 …………………………………… 97, 117
相互作用正当化仮説 …………………… 84, 98
組織リソース仮説 ……………………… 84, 97

た　行

ダール、R.A ……………………… 83, 123, 124
高畠通敏 ……………………………………… 3
多元主義 ………………… 123, 124, 125, 126, 148
多元性 ……………………………………… 8
頂上団体統合化仮説 …………………… 84, 99
超党派立法 ……………………… 23, 24, 25, 27
直接性 …………… 8, 10, 33, 35, 155, 158, 159, 163
直接請求 …………… 6, 9, 23, 118, 158, 160
鉄の三角形 ………………………………… 16
特定非営利活動促進法 ………………… 12, 158

特例法 ……………………………………… 157

な　行

ネットワーク …………… 17, 60, 84, 98, 114, 160

は　行

バイアス構造化仮説 ………………… 84, 99
発達障害者支援法 ……… 19, 28, 83, 85, 155, 156, 157, 159
非決定の権力 …………………………… 150
フィオリーナ、M. P ……………………… 76
風営法改正 ……………… 19, 121, 128, 149, 161
フェノ、R. F ……………………………… 15, 76
ヘクロ、H ………………………………… 16
ポリアーキー ……………………………… 125

ま　行

松下圭一 ………………………………… 3, 39
村松岐夫 ………………………………… 2, 127
メイヒュー、D. R ……………………… 14, 76
問題の流れ ……………………… 64, 72, 108

や　行

野党提案 …………………………………… 24
与党提案 …………………………………… 24

ら　行

ラムザイヤー、J. M ……………………… 15
利益団体 ………………………………… 3, 5, 77
立法爆発 ………………………………… 33, 34
理念法 ……………………………………… 95
連立政権 ………………………… 26, 31, 155, 158

■著者紹介

勝田　美穂（かつた　みほ）

岐阜経済大学経済学部教授（公共政策論、政治学）
1965年東京都生まれ。早稲田大学法学部卒業。法政大学大学院社会科学研究科博士後期課程修了。
博士（政治学）。
民間シンクタンク、法政大学大学院政治学研究科兼任講師を経て2011年より現職。
主要著作：『ポスト公共事業社会の形成―市民事業への道』（共著、法政大学出版局、2005年）
　　　　　『環境政治の展開』（共著、志學社、2016年）

Horitsu Bunka Sha

岐阜経済大学研究叢書18

市民立法の研究

2017年2月5日　初版第1刷発行

著　者　　勝田美穂

発行者　　田靡純子

発行所　　株式会社 法律文化社

〒603-8053
京都市北区上賀茂岩ヶ垣内町71
電話 075(791)7131　FAX 075(721)8400
http://www.hou-bun.com/

＊乱丁など不良本がありましたら、ご連絡ください。
　お取り替えいたします。

印刷：共同印刷工業㈱／製本：㈱藤沢製本
装幀：奥野　章
ISBN978-4-589-03821-0
©2017 Miho Katsuta Printed in Japan

JCOPY　〈(社)出版者著作権管理機構　委託出版物〉

本書の無断複写は著作権法上での例外を除き禁じられています。複写される
場合は、そのつど事前に、(社)出版者著作権管理機構（電話 03-3513-6969、
FAX 03-3513-6979, e-mail: info@jcopy.or.jp）の許諾を得てください。

中島 誠著
立　法　学〔第3版〕
―序論・立法過程論―
A5判・382頁・3600円

議会前および議会内過程の考察を通して、立法過程の全体を把握できる体系書。政治・行政の閉塞状況を立法過程の分析・考察を通じて構造的に解き明かし、日本政治を考えるための視座を提示する。

新川達郎編
政　策　学　入　門
―私たちの政策を考える―
A5判・240頁・2500円

問題解決のための取り組みを体系化した「政策学」を学ぶための基本テキスト。具体的な政策事例から理論的・論理的な思考方法をつかめるよう、要約・事例・事例分析・理論紹介・学修案内の順に論述。

原田 久著
行　　政　　学
A5判・200頁・2200円

制度・管理・政策の次元から行政現象をとらえたコンパクトな入門書。「どうなっているか？」と「なぜそうなのか？」という2つの問いを中心に各章を構成し、身近な事例と豊富な図表を通して現代日本の行政をつかむ。

小田切康彦著
行政‐市民間協働の効用
―実証的接近―
A5判・222頁・4600円

協働によって公共サービスの質・水準は変化するのか？ NPOと行政相互の協働の影響を客観的に評価して効用を論証。制度設計や運営方法、評価方法等の確立にむけて指針と根拠を提示する。〔第13回日本NPO学会優秀賞受賞〕

坪郷 實／ゲジーネ・フォリャンティ＝ヨースト
縣公一郎編
分権と自治体再構築
―行政効率化と市民参加―
A5判・260頁・2900円

分権性が強いとされるドイツと分権途上にある日本を比較対象し、分権改革下の自治体再構築をめぐる論点を分析。財源配分や権限委譲という問題以外に、〈行政効率化〉と〈市民参加〉をキーワードに市民自治の観点から再構築への道を模索する。

瀧川裕英編
問いかける法哲学
A5判・288頁・2500円

私たちの生活に大きくかかわっている法や制度を根本的に見つめ直すことによって、それらがどのように成り立っているのかを考える「いきなり実戦」型の入門書。賛否が分かれる15の問いを根源的に検討するなかで、法哲学の魅力に触れることができる。

――法律文化社――

表示価格は本体（税別）価格です